Margitta Rosenbaum

Jedes Leben birgt einen Schatz

Gottes Segen beim Lesen

wünscht

Margitta Rosenbaum

Margitta Rosenbaum

Jedes Leben birgt einen Schatz

20 Frauen – 20 Geschichten

BRUNNEN
Verlag Giessen · Basel

Die Geschichte „Die Berufung“ beruht u.a.
auf Informationen aus dem Buch von Sr. Gisela Nowak:
„Auf der Schwelle – zwischen Vergangenheit und Zukunft“,
Verlag Rockstroh, Aue 2006

2. Auflage 2011

www.brunnen-verlag.de
Umschlagfoto: Corbis Düsseldorf
Umschlaggestaltung: Sabine Schweda
Satz: DTP Brunnen
Druck: CPI – Ebner und Spiegel, Ulm
ISBN 978-3-7655-4120-9

Inhalt

Verschlungene Wege

Die Eltern, zwei Kinder, ein großer Hund – alles sieht auf den ersten Blick aus wie bei einer ganz normalen Familie. Susanne Bönsch arbeitet als Lehrerin an einer evangelischen Schule. Alles wirkt so selbstverständlich. Es ist kaum zu glauben, dass Susannes Leben früher ganz anders aussah. Den Traum von einer Familie hatte sie längst aufgegeben.

Sie studierte Deutsch und Englisch fürs Gymnasium, doch als sie fertig war, wurden keine Lehrer eingestellt. So ging sie aufs Arbeitsamt und landete in einer Werbeagentur in Stuttgart. Ihr Chef war begeistert von ihr, und aus einer engen Zusammenarbeit wurde die große Liebe. Wolfgang war ein erfolgreicher Geschäftsmann. Vom Christsein wollte er nichts wissen. Susanne hatte sich auf einer christlichen Freizeit für ein Leben mit Jesus entschieden und war in der Gemeinde aktiv gewesen. Doch während des Studiums hatte sie das alles hinter sich gelassen.

Wolfgang und sie waren aber ständig auf der Suche. Die Esoterik hatte es ihnen angetan. Sie besuchten Tagungen, doch sie hatten den Eindruck, nie wirklich anzukommen. „Der Hammer war für mich", so sagt Susanne, „als ich mitbekam, dass Wolfgang keine Kinder bekommen konnte. Er hatte sich auf Wunsch seiner zweiten Frau sterilisieren lassen. Es war immer mein Wunsch, Kinder zu haben. Aber wir waren sehr verliebt und hatten viel zu tun."

Eines Tages, als die beiden zu Hause auf der Terrasse saßen, griff Wolfgang wahllos zu einem Buch, das ihm seine Schwester geschenkt hatte. Es war gerade nichts anderes zum Lesen da. Das Buch trug den Titel: „Ich suchte die neue Zeit und fand Gott." Da schrieb der Geschäftsführer eines Industrieverbandes, Karl-Heinz Walper, wie er durch das Lesen einer Gideonbibel in der Kur und durch anschließende Besuche bei Veranstaltungen christlicher Geschäftsleute zu Gott gefunden hatte. Und vor allem entlarvte er die Esoterik und behauptete, damit würden die Leute hinters Licht geführt und es gebe nur einen einzigen Weg zu Gott, nämlich Jesus Christus.

Susanne und Wolfgang fielen von einer Entrüstung in die nächste. Wolfgang sagte: „Überhaupt, das soll mir einer mal zeigen, wie das geht: Christ und Geschäftsmann."

Er war so empört, dass er sich mit dem Autor in Verbindung setzte. Einige Wochen später saßen die beiden auf Vermittlung des Autors dann im Esszimmer eines Stuttgarter Topmanagers und seiner Frau. Das Ehepaar erzählte mit großer Offenheit darüber, wie sich ihr Leben geändert hatte, nachdem sie Christen geworden waren. Es war ein wunderbarer Abend mit gutem Essen und Wein, ja sogar Zigarren wurden angezündet.

Als der Mann dann noch davon sprach, wie er früher seine Frau betrogen hatte, da kam das Bild vom Christsein bei Susanne und Wolfgang völlig ins Wanken. Eine derart herzliche und entwaffnende Offenheit bei einer ersten Begegnung war ihnen im Business noch nie zuvor widerfahren.

Kurz darauf fuhren sie zu einer Tagung von christlichen Geschäftsleuten. Wolfgang bekommt noch heute Gänsehaut, wenn er davon spricht: „Obwohl ich keinen Menschen kannte und mir dieses ganze fromme ‚Getue' völlig fremd war, war da ein total starkes und klares Gefühl wie: Wolfgang, du bist nach Hause gekommen!"

Es folgte ein Glaubenskurs, bei dem das Paar alle seine Fragen stellen konnte. Der Leiter ließ sie bei jeder Frage zur Antwort die Bibel aufschlagen. Die beiden waren überwältigt. So erwachte der Glaube an Jesus bei ihnen, und das mit allen Konsequenzen. Wolfgang wurde klar, dass er seine Agentur nicht mehr so weiterführen konnte wie bisher. Konflikte mit seinen Kompagnons waren programmiert, weil er seine Ansichten grundlegend geändert hatte. Die Konsequenz war, dass er die von ihm gegründete Agentur verließ. Das bedeutete Arbeitslosigkeit und nicht zu wissen, wie es weitergehen sollte.

Susanne hatte schon vorher eine interessante und lukrative Aufgabe übernommen: Sie arbeitete als persönliche Referentin eines Staatssekretärs im Wirtschaftsministerium in Stuttgart. „Das war ein großer Segen. Ich habe so gut verdient, dass ich Wolfgang mit durchtragen konnte", so sieht sie im Rückblick Gottes Wirken.

Wolfgang saß zu Hause und probierte alles Mögliche, um eine neue Arbeit zu finden. Schließlich wandte sich der damalige Jenoptik-Chef Lothar Späth an ihn, nachdem er einen Projektentwurf von Wolfgang gelesen hatte, und bat ihn nach Thüringen zu kommen. Zunächst ging es darum, ein ehemaliges Teerwerk zu sanieren und eine schlüssige Konzeption zur Folgenutzung des Areals zu entwerfen. Bald stellte sich heraus, dass es hier auf lange Zeit Arbeit für Wolfgang geben würde.

1992 hatten die beiden geheiratet. Sie hatten erkannt, dass sie als Christen nicht einfach so zusammenleben konnten. Doch nun war das Paar schon wieder getrennt. Wolfgang fuhr am Wochenende um die tausend Kilometer, um bei seiner Susanne und montags wieder pünktlich im Job sein zu können. Susanne arbeitete weiter im Wirtschaftsministerium in Stuttgart. Aber für die junge Ehe war das kein befriedigender Zustand. Das Paar suchte einen Weg, um wieder zusammenzuwohnen.

Das bedeutete, dass Susanne von Stuttgart in den wilden Osten ziehen sollte. „Ich habe mich dagegen gesperrt. Ich hatte so einen tollen Job. Es war klar, dass ich im Osten erst mal gar keine Arbeit bekommen würde. Sollte ich wirklich diesen Traumberuf aufgeben?“, erinnert sie sich.

Die Frage stand zwischen den Eheleuten, bis sie eines Tages gemeinsam einen Gottesdienst besuchten. Dort passierte etwas, was Susanne heute noch nicht wirklich in Worte fassen kann. Sie erzählt: „Die Predigt war wie für mich. Ich konnte auf dem Heimweg nicht sprechen, war wie paralysiert. Ich habe geheult, konnte es mir nicht erklären, aber mir war glasklar geworden: Susanne, du sollst in den Osten gehen, du sollst das machen.“

Am nächsten Morgen ging sie zu ihrem Chef und sagte: „Ich kündige.“

„Der hat mich angeguckt und gedacht, dass ich in die Anstalt gehöre“, erinnert sie sich. Aber ihr Entschluss stand fest. Kurz vor dem Umzug wurde noch eine Taufe in der Familie gefeiert. Die Predigt überzeugte sogar Susannes Mutter, der es gar nicht gefiel, dass ihre Tochter so weit wegzog. Der Pfarrer sprach über Abraham, der loszog, ohne zu wissen, was kommen würde. Aber er wusste, dass er mit Gottes Segen ging. „Susi, die Predigt, die war für euch. Jetzt habe ich keine Angst mehr“, sagte die Mutter.

Am Montagmorgen kam der Möbelwagen. Frohgemut wurde alles verladen und in Altenburg in Thüringen wieder ausgepackt. Da war Susanne plötzlich im Osten. Es war 1994 und die alte DDR war noch lange nicht vergessen. Alles sah trist und farblos aus. Es gab kein Telefon, um wenigstens eben mal alte Freunde zu Hause anzurufen. Da tauchte die Frage *Warum?* immer wieder auf. Es war deprimierend.

Susanne meldete sich auf dem Arbeitsamt. Dort machte man ihr schonungslos klar, dass es für sie keine Arbeit hier gebe. Sie sei total überqualifiziert und solle sich diese Vorstellung abschminken. So blieb ihr nur das Engagement in der Kirchgemeinde und gelegentliche Aushilfe im Büro ihres Mannes.

Eines Tages besuchte sie mit ihrem Mann und einigen Freunden ein christliches Seminar. Einer der Teilnehmer, eben jener Karl-Heinz Walper, der mit seinem Buch bei Wolfgang die Initialzündung ausgelöst hatte, war mit dabei. Mitten im Seminar unterbrach er den Leiter mit den

Worten: „Susanne, ich habe den Eindruck, ich soll dir etwas sagen. Ich soll dir sagen, dein größter Wunsch wird erfüllt werden."

Darauf war Susanne gar nicht vorbereitet. Verdutzt fragte sie zurück: „Ja, was denn?"

„Du wirst ein Kind haben", war die kurze Antwort, die aber nichts als Fragen aufwarf.

„Wie soll das gehen? Mit Wolfgang kann ich kein Kind haben." Wolfgang hatte sich schon bei einem Spezialisten vorgestellt, aber es gab an dieser Diagnose nichts zu rütteln. Die Sterilisation war nicht rückgängig zu machen, das war sozusagen amtlich. Beim Seminar wurde noch dafür gebetet, damit hatte sich die Sache erledigt.

Zu Hause gab es bald den nächsten Anstoß. Bei einem Hauskreistreffen kam eine kleine Diakonisse auf Wolfgang zu. Sie sagte ganz selbstverständlich: „Ich weiß, ihr sollt ein Kind haben."

Sie bekam natürlich die gleiche Antwort: „Du weißt, dass es nicht geht."

Darauf entgegnete die ältere Schwester: „Man kann auch ein Kind adoptieren."

Damit nicht genug. Wenig später kamen Freunde zu Besuch. Ohne von all dem zu wissen, sagte die Freundin: „Susanne, wenn ich dich anschaue, dann denke ich, du bist schwanger."

Und wieder hatte Susanne die gleiche Antwort: „Du weißt, dass das nicht geht."

Nachdem sogar ein Mann, den sie gar nicht kannte, zu Susanne gesagt hatte: „Ach, Frau Bönsch, sind Sie schwanger?“, wurde es zu viel. Es war im März, als sie beschloss, dass es nun reichte. Sie konnte das Thema nicht mehr übergehen. Also informierte sie sich, wie eine Adoption ging. Auf dem Jugendamt sagte man ihr, dass es mindestens ein Jahr dauerte, bis man ein Kind adoptieren konnte. Zahlreiche Unterlagen wie ein polizeiliches Führungszeugnis, Gesundheitsprüfungen und andere Nachweise mussten eingereicht werden. Dann sollte eine Mitarbeiterin des Jugendamtes das Paar besuchen und alle Umstände prüfen. Aber das konnte länger dauern, bis die überhaupt dafür Zeit hatte.

Erstaunlicherweise meldete sie sich aber bald zum Besuch an. Ein anderer Termin war – rein zufällig? – ausgefallen. Während des Gesprächs schaute sich die Frau vom Jugendamt in der Wohnung um. Sie entdeckte, dass da ein Kreuz und Bibelsprüche an der Wand hingen, und wurde stutzig. „Sind Sie Christen?“, fragte sie und redete weiter: „Ach, wenn Sie Christen sind, dann würden Sie doch auch ein behindertes Kind nehmen, oder?“

Darauf waren Susanne und Wolfgang nicht gefasst. Natürlich hatten sie sich nicht vorgestellt, dass sie irgendwo die Kinder ansehen und sich dann das blonde, blauäugige aussuchen könnten. Aber ein behindertes Kind? Sie sollten sich das Kind zunächst einmal nur ansehen, meinte die Sozialarbeiterin.

Dann ging alles ganz schnell. Das Ehepaar hatte seinen Urlaub mit Freunden auf Gran Canaria geplant. Noch am Morgen vor dem Abflug sollten sie aufs Jugendamt kommen und sich Manuel ansehen. Der kleine Junge war gerade zwei Jahre alt geworden und hatte eine schlimme Vergangenheit. Seine Geschichte war durch die Medien gegangen. Die Mutter hatte ihn als Baby misshandelt. Mit schwersten Verletzungen war er ins Krankenhaus gekommen, wo die Ärzte nur eine Notversorgung vornahmen, weil alles so aussichtslos war. Niemand rechnete damit, dass der kleine Kerl das überlebte. Neben zahlreichen Knochenbrüchen machte ihm vor allem ein schweres Schädel-Hirn-Trauma zu schaffen. Sein Kopf war so groß wie ein Wasserkopf, aber es war alles Blut. Das Blut musste abgeleitet werden. Damals waren die Ärzte wohl noch der Auffassung, dass ein Säugling kein Schmerzempfinden habe. Er musste bei den Behandlungen furchtbar gelitten haben.

Dieses Kind würde niemals laufen und sprechen lernen, davon waren die Fachleute überzeugt, ein schwerstbehindertes Kind, für immer ein Pflegefall. Die Mutter kam in den Justizvollzug. Sie sprach nie aus, was mit dem Jungen passiert war. Seine Verletzungen ließen darauf schließen, dass sie ihn an den Füßen gepackt und mit dem Kopf gegen die Wand geschleudert hatte.

Wer sollte sich um das Kind kümmern? Eine Kinderärztin, Frau Dr. Weber aus Altenburg, hatte sich spontan bei den Behörden gemeldet. Als Manuel die Intensivstation verlassen konnte, nahm ihn die alleinstehende Frau auf. Sie war Fachfrau, setzte Therapien an und forderte das Kind bis an seine Grenzen. Dreimal in der Woche ging sie mit ihm zur Physiotherapie und machte möglich, was nur möglich war. Die Sache hatte nur einen

Haken: Diese Pflegemutter war bereits sechzig Jahre alt. Auf Dauer konnte sie sich nicht um Manuel kümmern. Darum wurden dringend Pflegeeltern gesucht.

So kam es, dass Susanne und Wolfgang sich kurz vor ihrem Urlaub auf dem Jugendamt einfanden. Dort saß die Kinderärztin und auf dem Fußboden robbte ein zweijähriges Kind und gab unkontrollierte Laute von sich. „Er war einfach nur süß", sagt Susanne heute. Die Pflegemutter nahm Manuel hoch und drückte ihn Wolfgang in den Arm. Die beiden sahen sich an. Wolfgang sagt heute: „In meinem Kopf klang ein Lied von einer christlichen Gruppe: ‚Sohn, du bist mein Schatz'." Das Ehepaar bekam noch ein paar Fotos in die Hand und dann war das erste Treffen beendet.

Nach zwei Wochen sollten sie sich wieder melden. „Wir sind ins Auto gestiegen und haben uns angeguckt. Wir brauchten nicht mehr reden. Es war klar", schildert Susanne, wie es weiterging. Auch während des Urlaubs sagten die Freunde: „Was redet ihr überhaupt noch, das ist doch alles klar."

Kaum waren Susanne und Wolfgang vom Urlaub zurück, da schellte das Telefon. Am anderen Ende war Frau Dr. Weber, die Kinderärztin. In ihrer beherzten Art fragte sie: „Na, wie haben Sie sich entschieden?" Die Antwort wunderte sie nicht. „Das habe ich gewusst. Wann kommen Sie und holen ihn ab?"

Damit hatte Susanne nicht gerechnet. Doch Frau Weber hatte Pläne. Sie wollte zum Kirchentag fahren, da musste Manuel untergebracht werden. So kam Manuel zunächst übers Wochenende zu seinen neuen Eltern. Und dann ging es holterdiepolter! und Susanne hatte plötzlich ein Kind. Nur zwei oder drei Tage kam Manuel noch mal zurück zu seiner ersten Pflegemutter. Dann war alles geklärt und sein Zimmer hergerichtet. „Am 15. Juni war er bei uns. Nach gerade mal sechs Wochen hatten wir ein Kind“, staunt Susanne heute noch.

Manuel stellte das Leben auf den Kopf. Nun musste umdisponiert werden. Manches wurde neu geplant. Freunde und Familie wurden über den Familienzuwachs informiert. Wolfgang rief einen Freund an und erzählte von Manuel. Der Freund begann laut zu lachen. Das irritierte Wolfgang und er fragte nach. „Weißt du noch, wann wir bei dem Seminar waren, als Karl-Heinz euch das von dem Kind gesagt hat?“, entgegnete sein Freund. Das war am 15. September. Es war auf den Tag genau neun Monate her. So etwas gibt's doch nicht, dachten die jungen Eltern. „Gott hat wirklich Humor“, sagen Bönschs heute. Die Tatsache, dass es auf den Tag genau neun Monate gedauert hatte, war für Susanne die klare Bestätigung für die Entscheidung zur Adoption.

Zudem ist der von der leiblichen, nicht christlichen Mutter gegebene Name Manuel ja die Abkürzung des hebräischen „Immanuel“, was „Gott ist mit uns“ heißt.

Ja, manchmal hatte sich Susanne in den vergangenen Wochen doch sehr gedrängt gefühlt. Gerade auf jenem Seminar hatten sie gelernt, dass Hektik und Stress nicht von Gott kommen. War es richtig, dass jetzt alles so schnell ging?

Die Feststellung, dass es neun Monate gedauert hatte, machte das Ehepaar seiner Sache aber ganz sicher. „Jetzt war für mich klar, warum ich hierher in den Osten kommen musste. Gott hatte uns für dieses Kind vorgesehen. Er hat durch andere Menschen zu uns gesprochen. Es könnte sogar sein, dass ich diese entscheidende Predigt an seinem Geburtstag gehört habe", so sieht es Susanne heute. Aber sie sagt auch: „Gott sei Dank, dass wir uns nicht so viele Gedanken gemacht haben. Wenn man sich das genau überlegt hätte: Was sollte mit der Zeit aus Manuel werden?! Er war schwer behindert."

Es folgte tatsächlich eine anstrengende Zeit für Susanne, aber auch eine Zeit, in der sie noch oft über Gottes Wirken staunte. Es war schon ein Wunder, dass Manuel mit zwei Jahren doch das Krabbeln gelernt hatte. Eigentlich robbte er. Er bewegte die Hände vorwärts und zog die Beine hinterher. Anscheinend hatte er bei Frau Weber auch viel mit Musik erlebt, denn schon bald konnte er Melodien vor sich hin summen.

Eigentlich wollten sich die neuen Eltern langsam an ihre Aufgabe gewöhnen. Susanne wollte die Therapien kennenlernen, mitgehen und zuschauen. Doch Frau Weber sah das anders. „Papperlapapp", sagte die zupackende Frau zu Wolfgang, „Ihre Frau bekommt den Dienstplan. Ich will nächste Woche auf den Kirchentag." Und Gott ebnete die Bahn. Völlig unerwartet meldete sich auf den Tag genau ein junger Mann, um als Praktikant Susannes Aufgaben im Büro zu übernehmen.

Susanne war nun voll beschäftigt. Sie übernahm das

Programm von Frau Weber. Es machte ihr Freude, sich um den Kleinen zu kümmern. Schon bald hatte er sich an seine Mama gewöhnt und weinte, wenn sie länger wegmusste. Er entwickelte sich erstaunlich gut und krabbelte munter durch die Wohnung. Mit einem speziellen Gestell konnte er sich aufrecht fortbewegen. Besonders das Essen blieb aber lange Zeit problematisch. Das Kind hatte Probleme beim Schlucken. „Oft kam da mehr raus, als reinging“, entsinnt sich Susanne, die viel Geduld brauchte, bis es klappte. Dann begann er sich an den Schränken hochzuziehen, hangelte von einem Schrankgriff zum anderen.

Immer wieder waren Untersuchungen nötig. Regelmäßig mussten Mama und Kind nach Leipzig in die Uniklinik. Die Ärzte staunten. „Wenn ich ihn nicht selbst geröntgt hätte, dann würde ich nicht glauben, dass es der Junge ist, den wir früher hierhatten“, meinte ein Professor. Der Arzt, der Manuel in die Klinik eingewiesen hatte, verlor seine Wette. Er hatte mit der Kinderärztin gewettet, dass ein derart verletztes Kind nie laufen lernen werde.

Irgendwann, als er etwas sicherer auf den Beinen war, ging Susanne mit Manuel zu ihm in die Sprechstunde. Der Arzt kam etwas mürrisch ins Wartezimmer, weil Susanne sich nicht angemeldet hatte. „Was wollen Sie?“ – „Ich wollte Ihnen nur den Manuel zeigen.“ – „Das ist *der* Manuel? Ich glaub es nicht. Darf ich ihn mit reinnehmen?“ Wenig später kam das gesamte Team mit Tränen in den Augen und brachte Manuel wieder zur Mama.

Heute ist Manuel ein netter siebzehn Jahre alter Junge, der die Werkschule besucht. Mit sieben Jahren wurde er eingeschult. „Wir hatten Glück. In Thüringen gab es die ‚Diagnose Förderklasse‘. So konnte er in eine ganz normale Grundschule eingeschult werden und hatte die Möglichkeit, die ersten zwei Schuljahre auf drei Jahre zu strecken“, schildert Susanne den Werdegang. Fünf Jahre lang besuchte Manuel die Grundschule. Obwohl er große feinmotorische Probleme hat, lernte er tatsächlich das Schreiben. Er strengte sich fürchterlich dafür an und lernte das Alphabet.

Wenn Susanne von der Schule nach Hause kommt, dann liegt manchmal ein Zettel auf dem Tisch. „Bin nach Lucka – Manuel.“

„Das ist so klasse, dass er das macht und kann“, freut sich Susanne. Damit hatte keiner gerechnet. „Er hat sich eine wahnsinnig große Selbstständigkeit errungen, das ist schon ein Wunder“, sind sich die Eltern einig.

Manuel ist ein liebenswerter Junge. Er ist freundlich und mitteilsam. Daher kann man ihm auch kaum einen Wunsch abschlagen. In seinem Zimmer füllen sich Regale mit Bier-Trucks. Die hat er fast alle geschenkt bekommen. Begeistert erzählt er, dass er ein „Harley Davidson“-Fan ist. Ja, er hat es geschafft, bei einem Motorradfahrer-Treffen einen der Biker zu überzeugen, ihn bei der Rundfahrt mitzunehmen. Als Nächstes möchte er mit einem Ultraleicht-Hubschrauber fliegen. Dafür will er das Geld nehmen, das er bei seiner Konfirmation geschenkt bekam. Fast jeder in der Gemeinde hat ihn beschenkt.

Dann wäre da noch zu erzählen, dass sich das Jugendamt eines Tages wieder bei Susanne meldete. Manuels Mutter hatte wieder ein Kind zur Welt gebracht. So kam Franzi in die Familie. Sie ist derzeit elf Jahre alt und Manuels Halbschwester. Franzi ist ein munteres und gesundes Mädchen. Sie kam als Baby in die Familie, denn das Gericht hatte verfügt, dass die Mutter keine Kinder mehr anvertraut bekommen würde.

Es sieht aus wie bei einer ganz normalen Familie. Aber für Susanne und Wolfgang ist es etwas, „wovon du nie geträumt hast, einfach sagenhaft“. Oder wie Wolfgang sagen würde: „Gott ist so gut zu uns!“

Ein Traum geht in Erfüllung

Ilse ist in einem christlichen Elternhaus aufgewachsen. Den Glauben hat sie von klein auf mitbekommen. Schon als Kind las sie gerne Missionsberichte. Das Buch „Ruf aus der Ferne“ ließ in ihr den Entschluss reifen, einmal Missionarin zu werden. Sogar das Titelbild ist ihr noch in Erinnerung, so sehr bewegte sie diese Geschichte. Sie handelte von einer Frau, die nach China ging, um den Menschen dort von Jesus zu erzählen. Das wollte Ilse auch. Schon als Kind hatte sie mit großer Begeisterung biblische Geschichten erzählt. Wenn mal ein Vogel beerdigt werden musste, war klar, dass Ilse eine Rede hielt. Der Wunsch, anderen von ihrem Glauben zu erzählen, begleitete sie von klein auf. Als sie diese Einstellung zu ihrem Beruf machen wollte, da hieß es jedoch: „Das kannst du nicht. Du bist gesundheitlich zu schwach.“ Musste sie ihren Traum aufgeben? Sie entschloss sich, Kindergartenerzieherin zu werden. Auf diese Weise konnte sie den Kindern all die schönen Geschichten aus der Bibel erzählen. Später lud sie auch Mütter ein und gründete einen Frauengesprächskreis.

Als Ilses zwei Söhne noch klein waren, zog die Familie in ein winziges Dorf im Rheinland. Schon bald entdeckte sie, dass es in manchen Familien große Probleme gab. Sie half, wo sie nur konnte. Aber sie merkte auch, dass manche Mühe ohne Ergebnis blieb. Praktische Hilfe allein reichte nicht aus. Darum begann sie mit ihrer Freundin für diese Familien zu beten. Es entstand ein Frauengebetskreis in ihrer Gemeinde. Einmal in der Woche trafen sich die Frauen, um die Not der Menschen vor Gott zu bringen.

Nach einigen Jahren kamen sie auf die Idee, dass man diesen Kreis erweitern könnte. So wurde ein Frühstück für die Gemeindefrauen daraus. Zur Überraschung der Beteiligten hatte dieses Treffen eine große Wirkung. Plötzlich begannen die Frauen, sich in ihrer Gemeinde auf unterschiedliche Weise zu engagieren. Durchs Beten wurden sie für die Kinderarbeit oder den Bastelkreis motiviert, oder sie kümmerten sich plötzlich um alte und einsame Gemeindeglieder.

Auch bei Ilse zu Hause tat sich etwas. Jeden Samstagnachmittag lud sie mit ihrem Mann zusammen zur Kinderstunde in ihr Haus ein. Sie entwickelten sogar eigene Liederbücher, sie bastelten und tobten mit den Kindern und erzählten ihnen Geschichten. Bald schon kamen alle sechsundzwanzig Kinder des Dorfes. „Jeden Samstag war die Bude voll hier, mit lauter putzmunteren, lebhaften Kindern“, sagt Ilse. Sie hat dabei ein Lächeln auf dem Gesicht, denn die Kinder wuchsen ihr ans Herz. Ilse wundert sich heute noch, dass die Eltern ihre Kinder zu diesen neu zugezogenen Leuten gehen ließen.

Auf diese Weise fand sie guten Kontakt zu den Eltern. „Der Intelligenteste von allen ist zum Glauben gekommen. Er lebt heute mit seiner Familie ein fröhliches Christsein. Erst neulich hat er zu meinem Sohn gesagt: ‚Sag deiner Mutter, dass ich ihr auf ewig dankbar bin‘“, erzählt Ilse. Welche Früchte die privaten Kinderstunden bei den anderen Kindern getragen haben, weiß sie nicht so genau.

Auf einer Tagung der Internationalen Vereinigung christlicher Geschäftsleute (IVCG) hörte Ilse 1984 in Zürich das erste Mal einen Bericht über ein Frühstücks-Treffen für Frauen. Barbara Jakob erzählte vom zweiten Treffen dieser Art, zu dem tausend Frauen gekommen waren. Da kam die Idee auf, dass es so etwas auch in Deutschland geben müsste. In ihrem Dorf erzählte Ilse überall davon, wie toll sie diese Idee fand. Das Echo in der Gemeinde war gering. In Gießen hatten einige Frauen schon ein Frühstücks-Treffen organisiert. Mit drei Frauen fuhr sie dorthin, um so einen Vormittag zu erleben. „Wir sind nach Gießen gefahren, um Brötchen zu essen. Aber wir haben viel mehr gefunden. Wir haben Feuer gefangen", so beschreibt sie diesen ersten Kontakt.

Endlich fanden sich im Raum Bonn achtzehn Frauen, die sich genauer informieren wollten. Sie luden Barbara Jakob ein. Bei einem Infonachmittag erwärmte sie das Herz ihrer Zuhörerinnen für die Frauen, die keinen Kontakt zur Kirche haben. Genau solche Frauen sollten den Glauben kennenlernen.

Ilse dachte: „So, ich habe die Sache angestoßen, wenn alles läuft, dann ziehe ich mich wieder zurück." Doch das funktionierte nicht. Sie wurde gebraucht, um das erste Treffen in Bonn mit auf die Beine zu stellen. Es fand 1986 statt. Ilse sollte die Moderation der Veranstaltung übernehmen. Sie hatte noch nie vor so vielen Leuten gestanden.

Einer ihrer Söhne, der damals noch studierte, bekam ihre Aufregung mit und riet ihr: „Das ist deine erste Moderation, das musst du üben." Dann stellte er ihr einen Stuhl in die Mitte des Zimmers und Ilse musste sich draufstellen und ihm schon mal ihre Moderation vorführen. Nachdem sie alles erzählt hatte, war der Student mit seiner Mama zufrieden.

Am Morgen vor dem ersten Frühstücks-Treffen war Ilse so aufgeregt, dass sie ihr Konzept einer Mitarbeiterin in die Hand drückte und sagte: „Wenn mir plötzlich schlecht wird, dann gehst du auf die Bühne." Ihr wurde nicht schlecht, die Veranstaltung lief gut. Im Anschluss meldeten sich neunzig Frauen für einen kleinen Glaubensgesprächskreis an. Nur ein Drittel davon kam dann wirklich. Aber etliche von ihnen sind bis heute Mitarbeiterinnen beim Frühstücks-Treffen in Bonn. Sie haben Jesus für sich entdeckt und er hat ihr Leben verändert. Genau das war das Anliegen: Frauen, die mit der Kirche nichts zu tun hatten, sollten die Gelegenheit bekommen, in einer lockeren Atmosphäre über Gott und den Sinn des Lebens nachzudenken und ins Gespräch zu kommen.

Schnell fanden sich noch andere Städte, in denen das neue Konzept ausprobiert wurde. Barbara Jakob regte an, dass man sich zusammentun solle, um System in die Sache zu bringen. An einem Wochenende trafen sich ehrenamtliche Mitarbeiterinnen aus den verschiedenen Städten, um sich kennenzulernen und einen gemeinsamen Weg zu suchen. Das war ein absolut „wilder Haufen“, erinnert sich Ilse. Aber am Ende hatten die Frauen den Eindruck: Da kann was draus werden!

Es galt, von Beginn an alles zu organisieren. Aber was und wie? Wie müsste so eine Organisation aufgebaut sein? Auf riesigen Bögen von Computerpapier entwarf und verwarf Ilse Organigramme. Sie musste sich plötzlich mit dem Vereinsrecht beschäftigen, manchmal ging sie mit dem dicken Wälzer sogar ins Bett. Ein Notar half ihr, den Durchblick zu behalten und nichts Wesentliches zu übersehen.

Die erste Schwierigkeit lag darin, dass jede Stadt ihre Veranstaltung unter anderer Trägerschaft abhielt. Je nachdem, in welcher Gemeinde oder Organisation die einzelnen Frauen zu Hause waren, hatten sie dort auch ihr Frühstücks-Treffen rechtlich angebunden. Bei manchen war das Frühstücks-Treffen eine Veranstaltung ihrer Kirchengemeinde, andere gehörten zum CVJM, die dritten schließlich wieder woandershin.

Zuerst, so nahmen es sich die Frauen vor, sollte alles in eine Hand. Ein eigener Verein sollte für eine gleichmäßige Erscheinungsform sorgen. Natürlich hätte jeder Träger so eine Veranstaltung, zu der die Frauen von Anfang an zu Hunderten kamen, gerne unter seinem Dach gehabt. Ilse und einige andere verhandelten immer wieder mit den Organisationen, bei denen schon einiges angesiedelt war. Sie waren überzeugt davon, dass diese Arbeit selbstständig sein sollte.

Die Verhandlungen forderten den Frauen viel ab. Oft kam Ilse völlig erschöpft nach Hause und weinte. Dann hatte sie eine von Gott geschenkte Begegnung, die sie am liebsten mit dem Wort „Sternstunde" bezeichnet. Es war 1987 bei der Geburtstagsfeier einer alten Dame. Ilse saß neben einer Amerikanerin. Die Gastgeberin meinte: „Ilse, erzähl Yola doch mal was vom Frauenfrühstück." Und Ilse erzählte munter von dem, was ihr Herz erfüllte. Die Amerikanerin hörte aufmerksam zu und sagte dann: „Dafür habe ich zwanzig Jahre lang gebetet. Praise the Lord!"

Kurze Zeit darauf stellte Ilse im Gespräch mit einer Freundin fest, dass sie beide diese Yola aus Amerika kannten und dass sie eine ganz tolle Frau war. Wie schön wäre es, wenn Yola nach Deutschland käme und die Frühstücks-Treffen mit aufbauen würde! Gesagt, getan. Ilses Freundin schrieb nach Amerika. Unabhängig davon hatte auch Barbara Jakob geschrieben. Gleich zwei Einladungen gingen nach Amerika, und Yola Entz kam, um zu helfen. Sie zog nach Koblenz. Der Verein wurde gegründet.

Eine Frau sagte zu Ilse: „Du kannst doch keinen Verein leiten, du bist doch nur eine Hausfrau." Ilse fühlte sich verletzt. Aber diese Frau sollte nicht recht behalten. Ilse wurde von den sieben Gründungsfrauen zur ersten Vorsitzenden des neuen Vereins „Frühstücks-Treffen für Frauen in Deutschland" gewählt. Alle sieben waren begeistert von der Idee, Frauen außerhalb der Gemeinden zu erreichen. Sie brauchten viel Pioniergeist, denn sie betraten absolutes Neuland.

Wenig später entwickelte sich so etwas wie eine „Frühstücks-Manie". Es wurde Trend, sich in den Gemeinden zum Frühstück zu treffen, aber auch in anderen Organisationen, zum Beispiel beim Arbeitslosenverband und in manchen Parteigruppen. Wie gut war es, dass da der Verein Frühstücks-Treffen schon sein Profil entwickelt hatte. Auf diese Weise hob er sich von Beginn an von allen anderen ab.

Ilse leitete die Gruppe in Bonn als Koordinatorin. Sie sah ihre Aufgabe vor allem darin, die Mitarbeiterinnen zu schulen. An jedem Tisch sollte eine Christin sitzen, die sich um die Gäste kümmerte. Ganz wichtig war es, die Sprache der Gäste zu sprechen und nicht in ein „Gemeindedeutsch“ oder die „Sprache Kanaans“ zu verfallen. Das musste richtig geübt werden.

Trotz aller äußeren Erfolge war das für Ilse keine leichte Zeit. Zittern und Zagen waren ihre ständige Begleitung, vor und während der Veranstaltungen. Sie habe viele Minderwertigkeitskomplexe gehabt, sagt sie im Rückblick. Doch von Mal zu Mal wurde sie stärker, sicherer. Sie betete: „Ich will das tun, was ich kann. Ich will gehorsam sein in meinen Möglichkeiten.“ Dennoch dachte sie immer wieder: „Das ist doch alles viel zu groß und zu viel für mich.“

Diese Anfechtungen rangen ihren Körper nieder. Sie erlebte Schwäche und Panikattacken. Immer wieder suchte sie den Rat ihrer Seelsorgerin, die mit ihr betete und sie fürbittend begleitete. „Ich brauchte diese Seelsorge“, beschreibt Ilse die Gespräche von damals. „Ich habe viel gebeichtet. Da gab es falsche Entscheidungen. Bei all den Auseinandersetzungen trug ich jede Menge Ärger in mir.“

Wie gut tat es da, um Vergebung zu bitten und Gott nach dem richtigen Weg zu fragen. Die Seelsorge an der eigenen Seele half Ilse, sich von Gott gebrauchen und verändern zu lassen. Sie wuchs mit ihren Aufgaben und entdeckte ganz neue Gaben, die Gott ihr geschenkt hatte. Sie stellte fest, dass sie reden, ja sogar andere begeistern konnte. Erstaunt beobachtete sie, wie die Frauen ihr zuhörten. Gott schärfte ihr Einfühlungsvermögen. Gerade im Gespräch mit Frauen, die dem Glauben kritisch gegenüberstanden, war es wichtig zu unterscheiden. Wurde da eine echte Frage gestellt oder wollte die Gesprächspartnerin nur provozieren?

Eine besondere Herausforderung waren Frauen, die aus dem esoterischen Bereich kamen. Ganz deutlich wurde Ilse das, als sie bei einem Frühstücks-Treffen während des Referates große Unruhe an einem Tisch bemerkte. Da saßen zwei Frauen, die ständig tuschelten. Ilse begann still für sie zu beten. Als es gar nicht besser wurde, bat sie Jesus, diese Frauen rauszuschicken. Dann sah sie, wie eine von ihnen die Karte zur Bewertung der Veranstaltung nahm. Hastig schrieb sie etwas darauf, dann gingen die beiden mitten im Vortrag weg. Ilse war gespannt, was auf der Karte stand. Nach dem Frühstücks-Treffen lasen sie Folgendes: „Dies ist eine wunderbare Veranstaltung. Wir könnten Ihnen sehr helfen. Wir sind weiße Hexen. Bitte kontaktieren Sie uns."

Bevor Ilse diese Frauen anrief, bat sie andere Mitarbeiterinnen, für dieses Gespräch zu beten. Die Frau am anderen Ende der Telefonleitung erklärte Ilse, dass sie als weiße Hexen den Auftrag hätten, Frauen Gutes zu tun. Das wollten sie auch beim Frühstücks-Treffen, vielleicht sogar ein Referat halten. „Ich habe ihnen gesagt, dass wir von Jesus Christus abhängig sind und solche Hilfe nicht brauchen. Sie sollten keine weiteren Einladungen bekommen."

Heute würde Ilse damit ganz anders umgehen. Mit ihrer jetzigen Erfahrung würde sie solche Frauen zu sich in die Wohnung einladen und ihnen ein schönes Essen servieren. Sie würde sich zunächst erkundigen, wie es ihnen geht und was sie sich wünschen. Im Laufe der Jahre waren schon viele Esoterikerinnen bei Ilse zu Gast. „Das sind Frauen mit einer ganz großen Sehnsucht." Eine Frau kam zwei Jahre lang, um in einer kleinen Gruppe die Bibel zu lesen. Dann erzählte sie, dass sie eine Ausbildung zur Geistheilerin begonnen habe. Nachdem sich zwei Frauen aus dem Kreis für ein Leben mit Jesus entschieden hatten, wurde dieser Kreis aufgelöst und ein neuer gegründet. Eine Stunde vor dem ersten Treffen rief die zukünftige Geistheilerin an: „Ich habe festgestellt, ihr meint etwas anderes als ich. Ich komme nicht mehr zum Bibellesen. Aber ich möchte mit euch befreundet sein." Sie ließ nie wieder etwas von sich hören.

Ilse hatte ihr zu verstehen gegeben, dass sie sich jederzeit wieder melden könne, wenn sie Hilfe brauche. „Bisher brauchte sie noch keine Hilfe", sagt Ilse und man spürt, dass sie auch diese Frau noch nicht aufgegeben hat.

Die ersten Jahre nach der Vereinsgründung waren wegweisend für diese Arbeit, die längst in der gesamten

Bundesrepublik bekannt ist. Etwa 220 Städte in Nord, Süd, Ost und West laden derzeit nach dem Konzept der Frühstücks-Treffen ein. Da kommen in den einzelnen Orten zwischen hundert und tausend Frauen zusammen.

Dass wirklich alle Himmelsrichtungen dabei sind, ist eine besondere Geschichte, über die Ilse heute noch staunt. Sie zeigt auf einen riesigen Tisch auf ihrer Terrasse. „Hier war es", sagt sie und ist immer noch bewegt von dieser Erfahrung des Wirkens Gottes. Anders kann sie das nicht erklären. Noch heute hängt in ihrem Wohnzimmer eine große Deutschlandkarte. Mit roten Stecknadeln sind alle Städte markiert, wo es ein Frühstücks-Treffen gibt. Blaue Nadeln zeigen, woher eine Anfrage kam, aber noch keine Gruppe gegründet wurde. Als der Verein gegründet wurde, hatte sie sich diese Karte besorgt. Auf der Terrasse machte sie sich an die Arbeit. Sie wollte die Umrisse der damaligen Bundesrepublik ausschneiden und auf ein Brett kleben. Es war in den 1980er-Jahren. Mit der großen Schere kam sie rechts unten an die Ecke, wo Bayern, Tschechien und Sachsen zusammenstoßen. Damals verlief dort noch eine dick eingezeichnete Grenze. Dort begann die DDR. Ilse wollte diesen Teil Deutschlands schon abschneiden. Wer dachte damals an Wiedervereinigung? Dort würde es niemals ein Frühstücks-Treffen für Frauen geben. Doch dann dachte sie: „Nein, bei Gott ist nichts unmöglich!" Eine innere Stimme sagte ihr, wie schön das wäre, wenn die Frauen im Osten auch so etwas erleben könnten.

Die Karte blieb ganz, samt Bundesrepublik und DDR.

Ilse klebte sie auf stabilen Untergrund. Auf eine Seite setzte sie das Signet des Vereins. Auf der anderen Seite war ein leerer Fleck. Sie dachte sich, dass da gut ein Bibelvers hinpassen würde. Aus einem Kästchen zog sie sich einen heraus. Da stand: „Der Herr, dein Gott, hat dir dies Land gegeben.“ Ein Vers aus den Mosebüchern, ganz am Anfang der Bibel. Ilse war sprachlos. Eigentlich hatte sie nur den Platz füllen wollen. Jetzt hatte Gott ihr etwas gezeigt, was er noch mit ihr vorhatte.

Es dauerte nur wenige Jahre, bis die Mauer fiel. Gleich 1990, direkt nach der Wende, bekam Ilse zahlreiche Einladungen in die neuen Bundesländer. Glauchau, Chemnitz, Leipzig, Magdeburg und viele andere Orte besuchte sie. Meist wurde sie von Yola begleitet. Es waren abenteuerliche Reisen. Sie kämpften sich über schlechte Straßen mit wenig Hinweisschildern durch das unbekannte Land. Einmal landeten sie in der falschen Stadt, weil es den Namen zweimal gab. Ein andermal ging die Straße nicht weiter, sie standen vor den Straßenbahnschienen.

Das Wichtigste aber waren die Frauen, die mit großer Offenheit zuhörten, wenn Ilse und Yola von den Frühstücks-Treffen erzählten. Bald schon fanden die ersten Veranstaltungen im Osten Deutschlands statt. Ilse und Yola ließen es sich nicht nehmen, bei einigen dabei zu sein. Einmal fragte Ilse nach dem Vortrag eine der Zuhörerinnen: „Ist Ihnen das bekannt vorgekommen, was da gesagt wurde?“ Die Antwort lautete: „Woher denn, so etwas haben wir hier nie gehört.“ Da war klar, dass diese Arbeit genau hierhergehörte.

Sechs Jahre lang hatte Ilse den Vorsitz des Vereins inne. Das waren aufregende Jahre, in denen die Weichen gestellt wurden. 28 Städte gehörten bei der Gründung dazu. Als Ilse ihr Amt abgab, da waren es 128 Städte.

Obwohl sie sich aus der Leitungsverantwortung zurückgezogen hat, schlägt ihr Herz noch immer für diese Arbeit. Was sie als Kind bewegte, das ist Thema ihres Lebens geblieben, obwohl sie nicht als Missionarin ins Ausland gehen konnte: Sie sucht nach Möglichkeiten, ihren Glauben an Menschen weiterzugeben, die davon noch keine Ahnung haben. Sie ist eine Missionarin im eigenen Land geworden. Mit viel Liebe geht sie immer wieder neue Wege, um Frauen zu erreichen. Seit einiger Zeit lädt sie zu einem besonderen Wochenende von Frauen für Frauen in ihr Haus ein.

Nach dem Tod ihres Mannes hatte sie zunächst lange getrauert und gefragt, wie es weitergehen sollte. Ein Wort aus der Bibel half ihr: „Das ist eine rechte Witwe, die allein steht und betet und wacht." Gemeinsam mit einer Freundin gestaltet sie jetzt für interessierte Frauen mehrmals im Jahr ein richtiges Wohlfühl-Wochenende mit leckerem Essen und guten Gesprächen in ihrem Haus. Dazu gehört dann genau das, was sie schon als Kind gerne getan hatte: Sie erzählt Geschichten aus der Bibel und erlebt, wie Frauen, die traurig, verschlossen und ausgebrannt kommen, gar nicht wieder nach Hause gehen wollen. Menschenleben verändern sich, wie das bei Missionaren eben so ist.

Überzeugt vom Sozialismus

Ilona war Lehrerin. Diesen Beruf hat sie ihr Leben lang mit Leib und Seele ausgeübt. Nie hatte sie etwas anderes werden wollen. Gleich nach dem Abitur begann sie das Studium. Danach bekam sie eine Stelle in ihrem Heimatort. Sie ist in einem kleinen Dorf ganz im Osten von Sachsen zu Hause. Lehrer zu sein, das bedeutete in der DDR, dass man den Staat voll und ganz unterstützte. Das wollte Ilona immer. Sie war überzeugt davon, dass der Sozialismus die beste Möglichkeit war, um eine gute Gesellschaft zu schaffen.

Die Arbeit mit den Kindern wurde ihr Lebensinhalt. Wie schön war es, den ganz Kleinen die ersten Buchstaben beizubringen! Liebevoll begleitete sie Klasse um Klasse in den ersten Schuljahren. Mama, Oma und Nina – das waren die ersten Worte, die so ein „ABC-Schütze" Buchstabe für Buchstabe entziffern konnte. Sie hatte ihre Freude daran, die Kinder zu begeistern. Dazu gehörte auch die Pionierorganisation. Gleich in der ersten Klasse wurden die Kinder aufgenommen. Am 12. Dezember, dem Pioniergeburtstag, bekamen die Kinder der ersten Klasse ihr blaues Halstuch. In Brigaden wetteiferten sie um Punkte für gute Disziplin und Ordnung in der Klasse. An jedem zweiten Samstag war Appell. Da kamen alle Kinder mit ihren weißen Pionierhemden und den blauen Halstüchern in die Schule. Sie stellten sich in akkuraten Blöcken auf. Dann hielt der Schulleiter eine kurze Rede, um die Schüler zu Höchstleistungen für den Sozialismus zu motivieren. Gute Schüler bekamen ein Lob ausgesprochen. Am Schuljahrsende gab es Urkunden und Medaillen für gute Leistungen.

Das System gefiel Ilona. Sie wollte gerne eine bessere Welt gestalten. Bei den Kindern musste man beginnen, damit eine neue Gesinnung für eine bessere Welt entstand. Das gab ihrem Leben Sinn. Dafür wollte sie arbeiten. Ganz selbstverständlich wurde sie Mitglied der SED. Diese Partei war es, die dem Sozialismus das Gesicht gab. „Ich habe nicht nur mitgemacht. Ich war überzeugt davon", sagt sie über ihre damalige Einstellung.

Sie war eine gute Lehrerin. Die Kinder mochten sie gerne. Nicht nur Lesen, Schreiben und Rechnen brachte sie ihnen bei, sondern auch die ersten sportlichen Übungen. „In einem gesunden Körper wohnt ein gesunder Geist", das war ein geflügeltes Wort in jener Zeit. Das leuchtete ihr ein. Die Beziehung zu den Kindern verbesserte sich dadurch noch mehr. Ilona war eine verantwortungsbewusste Lehrerin. Jahrzehntelang prägte sie die Kinder ihres Heimatortes. Sie gehörte zum Dorf, war angesehen und hatte ihren Platz in der Schule und in der Parteigruppe.

Das alles war für sie so selbstverständlich, dass ihre Welt gründlich aus den Fugen geriet, als die Menschen Ende der Achtzigerjahre plötzlich auf die Straße gingen. Anfangs glaubte sie, dass der Staat das sicher bald in den Griff bekommen werde. Doch die Demonstrationen wurden größer. Selbst in ihrem abgelegenen Dorf standen in vielen Häusern jeden Montagabend Kerzen im Fenster. Sie wusste nichts von den heimlichen Absprachen der Kritiker und wunderte sich noch über die einzelnen Kerzen. Erst viel später erfuhr sie, wie viele Menschen sich im Untergrund abgesprochen hatten.

Selbst in der nahen Kleinstadt kamen die Menschen zu Demonstrationen zusammen. Wussten die wirklich nicht, welche Vorzüge der Sozialismus hatte? War es nötig, auf die Straße zu gehen, nur um überallhin reisen zu dürfen? Sie verstand das alles nicht. Der Staat, die Partei, die Schulleitung – alle gaben sich doch Mühe, eine Gesellschaft aufzubauen, in der es allen gut ging. Woher kam nur diese Unzufriedenheit? In der Zeitung stand doch jeden Tag, wie gut die Produktion lief und wie man sich darum bemühte, dass es allen gut ging. Wenn doch endlich alle die richtige Ideologie hätten!

Später musste Ilona einsehen, dass es in den Betrieben vielfach anders aussah und dass die Erfolgsmeldungen in den Zeitungen oft weit von der Realität entfernt waren.

Im Herbst 1989 kam alles durcheinander. Die Meldungen überschlugen sich. Als dann gar die Grenze geöffnet wurde, da wusste Ilona nicht, wie es weitergehen sollte. All die guten Ordnungen zerbrachen. Es begann damit, dass von einem Tag auf den anderen viele Schüler nicht zuverlässig zum Unterricht erschienen. Die Eltern fuhren mit ihnen in den Westen, dort gab es Begrüßungsgeld. Das ließ sich niemand entgehen. Jede Familie machte sich irgendwann auf den Weg. Am Wochenende waren die Straßen überfüllt. Stundenlang standen die Autos im

Stau, um über die nicht mehr geschlossene Grenze zu kommen und die neue Freiheit zu erproben. Wen interessierte da schon die Schule? Wer irgendwie konnte, der machte sich an einem Wochentag auf den Weg und gab seinen Kindern ohne zu fragen schulfrei.

Es wurde besser, nachdem alle ihr Begrüßungsgeld abgeholt hatten. Auch Ilona hatte sich an einem Samstag auf den Weg gemacht, um zu sehen, was jenseits der Grenze passierte.

Und dann kam der Tag, an dem die Pionierorganisation aufgelöst wurde. Niemand trug mehr ein blaues Halstuch, kein Appell motivierte zu guten Taten. In der Schule zog ein anderer Geist ein. Dabei wusste Ilona gar nicht, was sie falsch gemacht haben sollte. Wieso war plötzlich alles anders? Sie gab sich immer noch Mühe, allseitig gebildete Persönlichkeiten heranzuziehen. Manche ihrer Kollegen traten aus der Partei aus. Sie wusste nicht, was richtig war. Die Partei konnte ihr keinen Halt mehr geben. Alles zerbröckelte. Auch Ilona meldete sich ab.

In der DDR hatten die Schüler von der ersten bis zur zehnten Klasse an einer Schule gelernt. Nun wurde die Schule aufgeteilt. Die Grundschüler lernten für sich. Ilonas Arbeit war geschätzt. Sie wurde Schulleiterin der kleinen Grundschule im Dorf. Aber sie musste sich mächtig anstrengen, um alles den neuen Vorschriften anzupassen. Plötzlich gab es einen gewissen Konkurrenzkampf zwischen den Schulen und selbst zwischen den Lehrern. Damit kam Ilona gar nicht klar. Immer neue Auflagen machten die Arbeit schwer. Ihr Körper signalisierte ihr, dass es so nicht gehen konnte. Immer wieder musste sie für ein paar Tage ausspannen. Ihr Arzt schrieb sie krank. Aber sie wusste, dass ihr eigentlich etwas ganz anderes fehlte: Sie hatte ihren Lebensinhalt, ihre Ziele verloren. Auf einmal galt das nichts mehr, woran sie so lange geglaubt hatte.

Damit nicht genug. Ihr Mann war schon vor Jahren gestorben. Nun wurde ihr Sohn krank. Im Sommer plagte ihn Heuschnupfen. Dann begann dieser seltsame Husten. Das war keine Erkältung. Sie überzeugte ihn, zum Arzt zu gehen. Der wusste zunächst auch nicht, was Ronny fehlte. Gelenkschmerzen kamen dazu. Und dann diese seltsamen roten Flecken auf der Haut. Ilona machte sich große Sorgen. Nach unzähligen Untersuchungen stand die Diagnose fest: Ronny hatte das Churg-Strauss-Syndrom. Das ist eine sehr seltene rheumatische Erkrankung. Da die Gefäße stark betroffen sind, verursacht diese Krankheit nicht nur starke Beschwerden, sie ist ohne Behandlung lebensgefährlich.

Neben den rasanten Umbrüchen im Beruf musste Ilona nun auch noch mit der Krankheit ihres Sohnes klarkommen. Wie gerne hätte sie ihm geholfen. Er war doch noch jung, hatte sein Leben vor sich. Gerade hatte er seine Ausbildung zum IT-Techniker erfolgreich abgeschlossen. Er hatte eine nette Freundin gefunden, und Ilona hoffte darauf, dass die Familie bald größer werden könnte. Nun war alles infrage gestellt.

Sie selbst hatte zunehmend Herzbeschwerden. Mit Mühe kämpfte sie sich durch ihre Aufgaben als Schulleiterin. Die Arbeit mit den Kindern machte ihr immer noch viel Freude. Aber all die zusätzlichen Aufgaben wurden ihr zu viel. Da erinnerte sie sich an ihre Kindheit. Etwas hatte sie völlig aus ihrem Leben ausgeblendet. Ihre Eltern hatten sie als Baby taufen lassen. Sie war in den Kindergottesdienst gegangen. Dort hatte sie die vielen schönen Geschichten aus der Bibel gehört. Das hatte ihr gutgetan. Sie war konfirmiert worden. Aber als sie zum Studium ging, hatte sie diesen Kinderglauben abgelegt. Den brauchte sie nicht. Sie wollte die Gesellschaft selbst mitgestalten und sie war eine starke Frau. Sie hatte nichts gegen den Glauben, nein, sie hatte das alles einfach ausgeblendet. Es wäre ihr ja nur hinderlich gewesen.

Nun, in ihrer Not, erinnerte sie sich. Sie hatte Gott vergessen. Das war jetzt die Strafe dafür. Ja, wenn es Gott wirklich gab, dann war es kein Wunder, dass es ihr nun so schlecht ging. Diese Gedanken beschäftigten sie Tag und Nacht. Sie kannte niemanden in ihrem Umfeld, mit dem sie darüber sprechen konnte. Oder doch? In der Schule hatte sich so viel verändert. Neuerdings gab es das Fach Religion auch an der Grundschule. Die Pfarrerin kam jeweils eine Stunde in der Woche in jede Klasse. Bis dahin hatte Ilona mit dieser Frau kaum gesprochen. Sie machte einen netten Eindruck, war immer zu einem Späßchen aufgelegt. Aber für Ilona kam sie aus einer anderen Welt. Einige nette Worte hatten sie gelegentlich gewechselt. Sollte sich Ilona der Pfarrerin anvertrauen? Das hätte sie nie gedacht, dass sie mal auf so eine Idee kommen würde.

Aber ihre Not war groß und die Pfarrerin schien ihr freundlich zu sein. Irgendwann fasste sich Ilona ein Herz und sprach sie an. „Ich glaube, dass Gott mich straft. Ich habe mein ganzes Leben lang nicht nach ihm gefragt“, erzählte sie zaghaft.

Die junge Geistliche lächelte. „Darüber sollten wir sprechen“, meinte sie. Die beiden Frauen vereinbarten einen Termin.

Ilona schlug das Herz bis zum Hals, als sie an der Tür zum Pfarramt klingelte. Sie schaute etwas verstohlen nach rechts und links. Was würden die Leute im Dorf sagen, wenn sie sahen, dass Ilona nun zur Pfarrerin geht?

Frau Neumann war eine junge Theologin, die das Herz auf dem rechten Fleck hatte. Zu DDR-Zeiten hatte sie manche Nachteile erleiden müssen, weil sie nicht Mitglied der staatlichen Kinder- und Jugendorganisationen war. Doch sie hatte sich immer vorgenommen, als Geistliche für alle Menschen da zu sein und ohne Vorurteile mit jedem zu sprechen. Nun nahm sie sich für Ilona viel Zeit.

Die konnte zum ersten Mal jemandem richtig ihr Herz ausschütten. Hier wurde sie nicht nach ihrer Leistung und nach ihrer Ideologie gefragt. Einfühlsam fragte Pfarrerin Neumann nach, um die ganze Not von Ilona zu verstehen.

„Ich habe es verdient, dass Gott mich bestraft. Ich habe ihn aus meinem Leben ausgeklammert“, schloss Ilona ihre Rede. Nun hatte sie es endlich ausgesprochen. Es war, als ob sie eine Last abgeworfen hätte.

Die Pfarrerin hatte aufmerksam zugehört. Bedächtig wählte sie jetzt die Worte. Sie hatte gut verstanden, wie viele Dinge Ilona durch den Kopf gingen. Nun erklärte sie der Lehrerin, was sie bisher nicht gedacht hatte: „Sie müssen sich keine Sorgen machen, dass Gott Sie straft. Ich sehe das ganz anders. Ich glaube, dass Gott Sie ruft. Alles, was Sie im Moment durchmachen, könnte doch auch ein Fingerzeig sein. Gott möchte Sie wieder in seiner Nähe haben."

Ilona war froh, dass Frau Neumann sie nicht verurteilte. Da wollte sie gerne glauben, dass auch Gott sie nicht verurteilte. Warum sollte sie sich nicht wieder an Gott wenden?

Die Pfarrerin musste der Lehrerin noch viel erklären. Sie trafen sich öfters. Ilona entdeckte manches wieder, was sie als Kind über Gott gelernt hatte. Nun hörte sie das alles mit ganz anderen Ohren. Jetzt ging es nicht nur darum, etwas über Gott zu wissen – jetzt ging es um ihr ganz persönliches Leben. Wie gut taten ihr die Worte der Pfarrerin. Wie gut war es, von einem allmächtigen Gott zu hören, der jeden Menschen, auch sie, Ilona, liebevoll anschaute und in seine Nähe rief.

Mit diesen Gesprächen änderte sich Ilonas Einstellung zum Leben. Sie war an ihre Grenzen gekommen, hatte sich so machtlos, so ausgeliefert gefühlt. Nun konnte sie sich Gott anvertrauen, wusste um seine Allmacht und Größe. Es kam nicht auf ihre Leistung an. Gott hatte ihr das Leben geschenkt und er wollte sie einfach in seiner Nähe haben. Das war ungewohnt, aber es tat so gut!

Gott würde auch für ihren Sohn sorgen, er konnte ihn gesund machen, daran glaubte sie nun fest.

Die veränderte Einstellung wurde sichtbar. Ilona trat wieder in die Kirche ein. Sie ging zum Gottesdienst. Etwas seltsam war das schon. Jahrzehntelang hatte sie keine Kirche betreten. Was würden die Leute im Dorf sagen? Doch das war nicht wichtig. Es ging ihr darum, dass ihr Leben nun einen festen Halt hatte. Das war mehr wert als alles andere. Nun ging es ihrer Seele wieder gut.

Aber was war mit Ronny? Nachdem die Diagnose gestellt war, bekam der junge Mann Medikamente, die die Symptome zurückdrängten. Es ging ihm besser. Doch die Medikamente waren stark. Kortison hat schlimme Nebenwirkungen. Eine davon erschreckte Ilona besonders. Die Ärzte hatten gesagt, dass Ronny keine Kinder haben könne, solange er diese Medikamente schluckte. Das traf sie hart.

Ihr Sohn sprach wenig darüber. Ilona aber hatte doch jetzt ein neues Gegenüber zum Reden. Bei Gott konnte sie das alles aussprechen. Ihm erzählte sie immer wieder, wie sehr sie sich ein Enkelkind wünschte. Als Ronnys Frau ihr erzählte, dass sie ein Kind erwartete, freute sich Ilona doppelt. Ein Herzenswunsch wurde wahr. Gleichzeitig empfand sie diese Schwangerschaft als Bestätigung für das, was sie nun glaubte: Gott wollte sie nicht strafen, es war ein Fingerzeig von ihm. Gott hatte sie mit viel Geduld gerufen. Lange hatte es gedauert, bis sie das verstanden hatte. Nun hatte ihr Leben eine ganz neue

Basis bekommen. Ilona weiß sich bei Gott geborgen. Sie traut ihm alles zu.

Noch immer wartet sie darauf, dass ihr Sohn Ronny ganz gesund wird. Sie glaubt unbedingt, dass Gott das kann. Daran hält sie fest. Obwohl sie selbst seither noch einige Krankheiten durchstehen musste, ist sie doch froh, dass Gott sie zurückgeholt hat. Das, was sie zunächst als Strafe empfunden hatte, ist zum Schatz, zur kostbaren Erfahrung geworden.

Heute ist Ilona pensioniert. Sie hat einen Weg gefunden, um ein zufriedenes und erfülltes Leben zu führen. Einen Weg, an den sie früher nie gedacht hätte. Noch immer mag sie Kinder. Jetzt hilft sie oft, wenn es darum geht, Kinder während einer Veranstaltung zu betreuen. Schließlich ist sie darin Profi.

Eine kostbare Gabe

Astrid Kehl war dreiundzwanzig Jahre alt, als sie sich auf ihr erstes Baby freute. Familie zu haben, das gehörte zu ihrer Lebensplanung ebenso wie ein Beruf, der mit Menschen zu tun hatte.

Die Schwangerschaft verlief normal. Aber als die Wehen einsetzten, begannen die Schwierigkeiten. Das Baby drehte sich nicht. Steißlage. Es wurde eine schwere Geburt. Die Ärzte kämpften, doch das Baby bekam zu wenig Sauerstoff und musste sofort nach der Geburt beatmet werden.

Diese Schwierigkeiten blieben nicht ohne Folgen. Sein Leben lang wird Matthias mit Beeinträchtigungen leben müssen. Schon als Baby musste er viele Therapien über sich ergehen lassen. Es hieß, dass er nie laufen lernen würde. „Zentrale Koordinationsstörungen" nennt man das. Die Symptome gleichen denen einer spastischen Lähmung. Matthias entwickelte sich langsamer als die gleichaltrigen Babys.

Er sollte aber nicht allein aufwachsen. Astrid wurde wieder schwanger. Wie schön wäre es, wenn Matthias eine kleine Schwester bekommt, dachte sie. Vielleicht könnte ein gesundes Geschwisterchen auch Matthias' Entwicklung beflügeln, hoffte die Mutter.

Bei einer Routineuntersuchung in der vierundzwanzigsten Schwangerschaftswoche kamen dem Frauenarzt Bedenken. Nach der Ultraschalluntersuchung meinte er, da sei vielleicht etwas nicht ganz in Ordnung. Er selbst könne das nicht beurteilen. Deshalb schickte er Astrid zur genauen Diagnose in die Universitätsklinik. Wieder wurde eine Ultraschalluntersuchung gemacht. Der Arzt meinte, er könne nichts Besonderes erkennen. Er wollte die Bilder aber mit seinen Kollegen auswerten. Astrid sollte am nächsten Tag wiederkommen.

So machte sie sich mit ihrem Mann wieder auf den Weg. Sie mussten eine Weile warten. Dann kam der Arzt. „Sie können gleich hierbleiben“, sagte er zu dem Ehepaar.

Astrid war verwirrt. „Warum?“, fragte sie. „Es geht mir doch gut und meinem Ungeborenen auch.“

Die Antwort des Arztes fiel knapp und deutlich aus: „Sie denken doch wohl nicht allen Ernstes daran, *dieses* Kind auszutragen?“

„Was sollen wir denn sonst tun?“, fragte Astrid sichtlich durcheinandergebracht.

„Es wegmachen lassen, natürlich“, lautete die Antwort des Arztes. Dann erklärte er, dass ein Schwangerschaftsabbruch problemlos möglich sei.

Astrid stockte der Atem. Sie schaute an sich herunter. Mittlerweile war sie im sechsten Monat. Sie hatte schon über acht Kilo zugenommen. Ihr Bauch wuchs stetig. Sie spürte, wie das Baby sich in ihr bewegte. „Dieses Kind will man einfach ‚wegmachen‘?“, schoss es ihr durch den Kopf. Es war, als ob ihr der Boden unter den Füßen weggezogen würde.

Ihre Gedanken fuhren Karussell. Da war das strampelnde Baby in ihrem Bauch. Plötzlich stieg die Erinnerung an eine Erfahrung vor Jahren wieder in ihr auf. Sie war zum ersten Mal schwanger gewesen und hatte eine Fehlgeburt gehabt. Als sie nach der Narkose wach geworden war, hatte sie ein starkes Gefühl von Leere und Trauer überfallen.

Und was sollte sie ihrem ebenfalls behinderten Sohn Matthias sagen? Sollte sie ihm erklären, dass das Schwesterchen, auf das er mit seinen Eltern gewartet hatte, nun doch nicht kam? Sollte sie ihm sagen: „Wir haben uns entschieden, es wegmachen zu lassen, weil es ja behindert ist?“ Im gleichen Atemzug drängte sich die Frage auf: Was wäre aus Matthias geworden, wenn sie damals die Wahl gehabt hätten? Und was sollte sie Gott sagen? „Das Kind, das du mir schenken wolltest, war nicht gut genug. Deshalb habe ich mich entschlossen, es besser gar nicht erst leben zu lassen. Schließlich bleibt ihm und uns damit ja vieles erspart. So ist es für uns alle das Beste?“

Fragen über Fragen schossen Astrid durch den Kopf. Was hatten sie auf Matthias’ Geburtsanzeige geschrieben? „Kinder sind eine Gabe des Herrn, und Leibesfrucht ist ein Geschenk.“ Dieses Wort aus den Psalmen hatten sie ganz bewusst gewählt, um den neuen Erdenbürger der Welt vorzustellen. Sie hatten nicht geahnt, dass der Sohn sein Leben lang beeinträchtigt sein würde. Trotzdem hatten sie ihren Erstgeborenen dankbar und voller Freude und Stolz als Gottes Geschenk angenommen.

Nun erwarteten sie wieder ein Kind. War es nicht ebenso von Gott gewollt und geschaffen, wenn auch mit einigen sichtbaren „Fehlern“?

So viel war klar: Sie gingen schweren Zeiten entgegen. Die Diagnose lautete: Verdacht auf „Spina bifida“ und „Hydrozephalus“. Das machte ihnen Angst. Im Volksmund spricht man von einem „offenen Rücken“ und einem „Wasserkopf“. Beides sind schwerwiegende Behinderungen, das war Astrid klar. Einerseits war sie froh, dass sie schon vor der Geburt mit dem Problem konfrontiert wurde. Andererseits musste sie mit ihrem Mann nun eine schwere Entscheidung fällen. Der Arzt schickte sie nach Hause, doch gleich am nächsten Tag sollten sie wiederkommen. Dann musste die Entscheidung getroffen werden. Die Entscheidung für oder gegen das eigene Kind.

Astrid und ihr Mann waren sich einig über den nächsten Schritt. Sie brauchten noch am gleichen Tag jemand, mit dem sie reden konnten, jemand, der sich auskannte, der wusste, welche Hilfen es gab. Ohne kompetenten Rat wollten sie diese Entscheidung nicht treffen.

Noch am gleichen Abend trafen sie sich mit der Krankengymnastin von Matthias. Diese Frau erklärte ihnen zunächst, wie es zur Entwicklung eines offenen Rückens kommt. Sie wusste auch, welche Beeinträchtigungen das mit sich bringt.

Zu einer „Spina bifida“ kommt es, wenn sich in der achten bis neunten Schwangerschaftswoche das Neuralrohr, also die Vorstufe des zentralen Nervensystems, nicht schließt. Über der Wirbelsäule ist dann beim Baby eine offene Stelle unterschiedlicher Größe zu sehen. Dort tritt das Rückenmark zutage. Dadurch kommt es zu Defekten und Verletzungen der freiliegenden Nervenfasern, die nicht wiederhergestellt werden können. Je nachdem, wie stark die Schädigung ist, kann das bis zu einer Querschnittslähmung gehen. In der Folge treten Lähmungen, Sensibilitäts- und Wahrnehmungsstörungen auf. Ausfälle in den betroffenen Körperregionen gehören ebenso zum Krankheitsbild wie häufig angeborene Gelenkfehlstellungen. In vielen Fällen sind Blase und Dickdarm von der Lähmung betroffen.

Bei neunzig Prozent der Erkrankten tritt die „Spina bifida" in Kombination mit einem „Hydrozephalus" auf. Entwicklungsbedingt kommt es dabei zu Störungen in der Produktion und im Abfluss des Hirnwassers. Der erhöhte Hirndruck führt zu Schädigungen des empfindlichen Gehirns. Alle Behandlungen und Maßnahmen vermögen neurologische Ausfälle in Form von Lähmungen und starke Entwicklungsstörungen nicht wieder rückgängig zu machen. Patienten mit Spina bifida brauchen Zeit ihres Lebens eine regelmäßige, breit gefächerte medizinische Betreuung. Zusätzliche therapeutische Maßnahmen wie Krankengymnastik, Logopädie, Ergotherapie und vieles mehr gehören dazu.

Astrid und ihrem Mann wurde bange. Dieses Wissen machte ihnen die Entscheidung nicht leichter. Nun hatten sie eine Vorstellung von dem, was auf sie zukam. Aber in vollem Umfang war ihnen nicht bewusst, was es heißen würde, für zwei behinderte Kinder da zu sein, sie zu pflegen, zu therapieren und zu fördern, sie zu lieben. Ohne Zweifel kam damit viel Arbeit auf sie zu.

Da standen sie nun und erwarteten ein Baby, das mit diesen schweren Behinderungen auf die Welt kommen sollte. Das bedeutete ja auch, dass es mit diesen Behinderungen leben musste. Nicht nur die Eltern mussten sich darauf einstellen und fragen, ob sie das schafften. Konnte man das dem Kind überhaupt zumuten? Wer garantierte ihnen, dass das Kind später nicht den Eltern Vorwürfe machen würde? Was, wenn es später sagen würde: Warum habt ihr mir dieses Leid nicht erspart?

Es war eine lange Nacht für das Ehepaar. Sie waren hin- und hergerissen. Ein Argument jagte das andere. Dann kam ihr Glaube ins Gespräch. Sie hatten immer geglaubt, dass es letzten Endes nicht in der Macht des Menschen steht, ob ein Mensch leben darf oder nicht. So entschlossen sie sich, diese schwere Verantwortung an Gott abzugeben. Da wurde ihnen leichter ums Herz. Es war klar: „Wir stimmen morgen in der Klinik der Abtreibung nicht zu." Stattdessen hofften sie miteinander, dass Gott sie mit der nötigen Unterstützung versorgen würde. Sie wollten es glauben, dass Gott geben würde, was sie brauchten, um dieser großen Aufgabe einigermaßen gerecht zu werden.

Am 13. November 1986 war es dann so weit. Der Geburtstermin war geplant. Es sollte nicht wieder zu Komplikationen während der Geburt kommen. Tochter Christina kam durch einen Kaiserschnitt zur Welt. Die im Ultraschall festgestellten Defekte bestätigten sich. Christina hat eine „Spina bifida" und einen „Hydrozephalus". Ihre Beine und Füßchen sind missgebildet und gelähmt. Große Teile des Gehirns sind geschädigt.

Noch am Abend ihres Geburtstages wurde der offene Rücken operativ verschlossen. Die krankengymnastischen Maßnahmen wurden eingeleitet. Nach drei Tagen hatte sich Astrid vom Kaiserschnitt so weit erholt, dass sie ihr Baby zum ersten Mal in der Kinderklinik besuchen konnte. Nie wird sie den Augenblick vergessen, an dem sie Christina das erste Mal in ihren Armen hielt. Sie war so klein, so zerbrechlich, so süß. Für nichts in der Welt hätte sie dieses Geschöpf mit den vielen schwarzen Haaren wieder hergeben oder eintauschen wollen. Astrids Herz schlug höher. Das war ihr Kind, es gehörte zu ihr. Nichts schien ihr in diesem Moment selbstverständlicher. Schlagartig war Astrid klar: Mit Gottes Hilfe hatten sie die richtige Entscheidung getroffen. Gott würde ihnen helfen, mit allem fertig zu werden, was auf sie zukam.

Ihr Kind lebte. Wie froh war sie darüber! Die Erinnerung an diesen Moment, der ihr ganzes Herz in Bewegung gebracht hatte, begleitete Astrid in den folgenden Jahren. Gerade in schwierigen Situationen half ihr der Gedanke daran.

Inzwischen sind über zwanzig Jahre vergangen. Christina hat etwa zwanzig Operationen und unzählige Krankenhausaufenthalte hinter sich. Dreimal musste sie wegen ihrer Klumpfüße operiert werden. Auch Knie und Hüften wurden operiert. Die Blasen- und Darmlähmung erforderte weitere Eingriffe. Am schlimmsten war es, als sie in einem Jahr drei große Operationen durchstehen musste. Zweimal wurde am Rückenmark operiert und einmal musste die Wirbelsäule begradigt werden. Das war mit vielen Schmerzen verbunden. Christina musste lange still liegen. Sie durfte sich kaum bewegen und sie hatte große Angst.

Die Rehabilitation nach dieser Operation dauerte ein Jahr lang und war samt Pflege und Therapie eine große Herausforderung für die ganze Familie. Wegen der großen Ängste schrie Christina bis zu zwanzigmal in der Nacht laut auf. Wie oft musste Astrid aufstehen und sie trösten! Heute noch kann es Astrid passieren, dass sie nachts die Schreie ihrer Tochter zu hören glaubt.

Doch sie bereute ihre Entscheidung von damals keinen Tag. Das wurde ihr ganz besonders klar, als jemand in der Familie den Rundbrief einer Schwangerenkonfliktberatungsstelle vorlas. Darin ging es um die „Abtreibung von Behinderten". Ihre Tochter Christina hörte zu. Sie war sehr betroffen darüber, dass man behindertes Leben als nicht lebenswert erachten konnte. Sie hörte, dass manche Menschen es als unwert bezeichnen und es töten. Eine Zeit lang dachte sie nach. Dann sagte sie den Satz, der Astrid zutiefst berührte: „Ich bin ja auch behindert und hätte abgetrieben werden können. Aber ich lebe doch so gerne und bin froh, dass ihr mich nicht abgetrieben habt. Danke, dass ich leben darf!"

An dieser Stelle wurde Astrid klar, dass auch ein Leben mit Einschränkungen und Behinderungen ein erfülltes, freudiges Leben sein kann. In Gottes Augen hat Christinas Leben einen tiefen Sinn, einfach weil er der Schöpfer ist und weil er seine Menschen liebt. In seinen Augen ist jeder Mensch, auch Christina, kostbar und wertgeachtet.

Ihr ganzes Leben erzählt davon, dass es so ist. Christinas Lebensfreude ist ansteckend. Sie ist trotz aller Einschränkungen relativ beweglich. Mit ihrem Rollstuhl fährt sie gerne in die Stadt. Sie hat Spaß daran, Leute zu treffen und mit ihnen zu reden. Kürzlich war sie im Nagelstudio. Sie genoss es sehr, sich dort die Fingernägel behandeln zu lassen. Stolz zeigte sie anschließend das Ergebnis!

Die Mühe ihrer Eltern war nicht umsonst. Christina kann zwar nicht gehen, doch sie kommt mit vielen Dingen gut allein zurecht. Sogar eine Ausbildung zur kaufmännischen Helferin hat sie gemacht. Derzeit arbeitet sie in einer Werkstatt für behinderte Menschen. Doch Astrid hofft, dass es gelingt, einen regulären Arbeitsplatz für sie zu finden.

Das Internet – das ist Christinas Welt. Beim Chatten und Surfen im Netz spielt ihre Behinderung keine Rolle. Gemeinsam mit ihren Eltern besucht sie auch oft eine christliche Gemeinde. Dort hat sie noch etwas gefunden, was ihr Leben bereichert: Sie glaubt an Jesus, den Heiland, der ihre Schmerzen und ihre Krankheit mit ihr trägt. Und irgendwann, darauf freut sie sich, da wird sie im Himmel eine Wohnung beziehen. Dort werden Schmerzen, Geschrei und Tod vergessen sein.

Jetzt hat Christina erst einmal die Einliegerwohnung im Haus ihrer Eltern bezogen. Da wohnt sie mit ihrem Bruder Matthias. Der hat eine Ausbildung zum Hauswirtschaftshelfer gemacht und kümmert sich ausgezeichnet um die Wohnung. Ein Pflegedienst hilft Christina bei den Dingen, die sie nicht allein schafft. Sie wird immer auf Unterstützung angewiesen sein. Doch das ist kein Grund, das Leben nicht zu lieben.

Trotz aller Mühe, die Astrid mit ihren Kindern hatte, schaut sie auf ein reiches Leben. Reich ist es, weil sie schmerzliche Gefühle zugelassen und hinterher umso größere Freude erlebt hat. Beglückend ist es besonders deshalb, weil sie so viel mit Gott erlebt hat. Er war es, der immer wieder half, die richtigen Entscheidungen zu treffen, die richtigen Menschen zu finden, die ihnen weiterhelfen konnten.

Bis heute erlebt Astrid das Eingreifen Gottes; zuletzt, als Christina eine offene Stelle am Fuß hatte. Eine Druckstelle hatte sich böse entwickelt und ging schon bis auf den Knochen. Das Loch war so tief geworden, dass die Ärzte den Fuß abnehmen wollten. Da hatte Astrid wieder einmal eine schlaflose Nacht. Sie betete mit ihrem Mann. Beim Lesen in der Bibel kam sie zur Ruhe. Ihr wurde klar: Gott wollte nicht, dass der Fuß amputiert wurde. Auch Christina wollte ihren Fuß behalten. Die Familie glaubte, dass Gott die wunde Stelle anrühren und heilen konnte. Denn für sie ist Gott der, der heilt. Und Gott tat es, obwohl die Ärzte es nicht für möglich gehalten hatten.

Das war für Astrid wieder so eine Erfahrung, die ihr bewusst machte, wie gut Gott es mit ihr meint. „Wir sind dadurch sehr gestärkt worden“, sagt sie und erzählt gern von dem, was sie mit Gott erlebt hat.

„Denen werden alle Dinge zum Besten dienen"

Ihr Leben war immer aufregend und reich mit Erlebnissen gefüllt. Viele Menschen lasen das Buch, in dem sie ihre Geschichte spannend erzählt.

Yola Entz wurde in Berlin geboren. Ihr Vater war Jude und musste vor den Nazis fliehen. Er ging nach Amerika. Eigentlich sollte die Familie nachkommen. Doch daraus wurde nichts. So kam die Tochter selbst in Gefahr. Sollte die Siebzehnjährige im Konzentrationslager enden? Der Mutter gelang es, ihre Tochter in Bayern unterzubringen. So fand Yolas Kindheit ein jähes Ende. Der Verlust der Heimat, die ständige Angst, doch noch abtransportiert zu werden, und unzählige Demütigungen bestimmten ihre Jugend. Ihre beste Freundin starb im Konzentrationslager. Ihre erste Liebe verlor sie durch den Krieg. Der junge Mann fiel in Russland.

Nach dem Krieg arbeitete sie als Dolmetscherin für die Amerikaner. Bei den Verhören von SS-Leuten wurde ihr die ganze Grausamkeit des Krieges und der Judenverfolgung vor Augen geführt.

Jetzt konnte sie endlich zu ihrem Vater nach Amerika ausreisen. Dort lernte sie nicht nur ihren Ehemann kennen, sondern auch eine christliche Arbeit. Im Gespräch mit Gott wurde ihr klar, wie viele Verletzungen, Hass und Rachegedanken sich in ihr angesammelt hatten. Sie vertraute sich selbst und ihre Vergangenheit Jesus Christus an und erlebte eine nie gekannte Freiheit. Aus Dankbarkeit versprach sie Gott, für Deutschland zu beten.

Mit ihrem Mann zusammen ging sie zurück nach Deutschland. Sie sahen es als ihre Aufgabe an, jungen Leuten zu sagen, dass sie Vergebung, Versöhnung und den Weg zum Frieden in Jesus Christus finden konnten. In Koblenz begann sie eine für Deutschland völlig neue Jugendarbeit: Gemeinsam mit anderen Christen lud sie Jugendliche in eine Teestube ein. Viele entschieden sich dort zum Glauben an Jesus. Yola hatte wirklich ein aufregendes Leben.

Inzwischen ist sie über achtzig Jahre alt. Sie sagt, dass die letzten zweiundzwanzig Jahre die aufregendsten waren. Dabei sah es zunächst so aus, als ob die ruhigen Jahre angebrochen wären. Aber für Yola Entz ist klar, dass man bei Gott nie in den Ruhestand versetzt wird. Er hat immer noch eine Aufgabe für seine Leute. Das glauben viele Menschen. Doch nur wenige probieren es so zielstrebig aus wie Yola.

So erfuhr sie, dass man Gott beim Wort nehmen konnte. Ihr Leben lang begleitete sie ein Bibelwort aus dem Römerbrief: „Wir wissen aber, dass denen, die Gott lieben, alle Dinge zum Besten dienen."

Fünfundzwanzig Jahre lang hatte sie Jugendarbeit gemacht. In Koblenz war – wie schon erwähnt – eine Teestube als Anlaufpunkt für viele Jugendliche entstanden. Diese Aufgabe hatte sie dann abgegeben, um ihre

Mutter besser pflegen zu können. Die hatte Alzheimer und brauchte die ganze Zuwendung ihrer Tochter. Die Mutter starb und ein Jahr später verlor Yola auch ihren Mann. Da glaubte sie, dass ihre Aufgabe in Deutschland beendet sei. Sie zog zurück zu ihren Kindern nach Amerika.

Ihr erstes Enkelkind wurde geboren, da konnte sie als Oma ganz andere Aufgaben übernehmen. Sie bezog mit ihren Kindern ein gemeinsames Haus und freute sich an ihrer Familie. Doch sie musste auch mit ihrem Leben als Witwe zurechtkommen. Bisher hatte sie an der Seite ihres Mannes gelebt, der sich gut durchsetzen konnte. Er fand sich selten mit einem Nein ab. Aufregend war es gewesen, als sie damals mit ihm Gottes Ruf nach Deutschland gefolgt war. Sie hatten alle Sicherheiten hinter sich gelassen, das Haus und die Autos verkauft und waren mit ihren drei Kindern von Amerika nach Deutschland gegangen. An der Seite ihres Mannes hatte sie erfahren, dass Gott gibt, was wir brauchen. Doch nun? Wie sollte sie als Witwe leben?

Nach ihrer Gewohnheit suchte sie Gottes Weisung im Gebet. Gott schenkte ihr ein Bibelwort. Beim Propheten Jesaja fand sie den Vers: „Der Herr, dein Schöpfer, ist dein Ehemann." Sollte das wahr sein? Sie konnte es zunächst nicht glauben. Wie sollte das gehen? Das wollte sie genau wissen. Obwohl sie schon in so vielen Gruppen davon erzählt hatte, wie Gott sie im Lauf der Jahre geführt hatte, fragte sie nun wieder ganz neu. Sie hatte Deutschland verlassen. Hier in Amerika hatte sie ihre Familie und auch eine Gemeinde, in der sie mitarbeitete. Aber wo wollte

Gott sie wirklich gebrauchen? Es musste ja nicht weiterhin in Deutschland sein, aber auch hier in Amerika brauchte man sie nicht unbedingt, so dachte sie jedenfalls.

Sie wollte sich von Gott einsetzen lassen. Was war seine Platzanweisung für die kommenden Jahre? Vielleicht sollte sie noch mal in ein ganz anderes Land gehen? Wie konnte sie das herausfinden?

Zwei Fragen bewegten sie: Wie kann Gott mein Ehemann sein und wo will er mich haben? Die gaben den Anstoß für ein Experiment, das wohl keine Einundsechzigjährige sonst wagt. Sie wollte zur Evangelistenkonferenz nach Amsterdam fahren. Als sie sich das Ticket besorgen wollte, sah sie ein besonderes Angebot der Fluggesellschaft: ein „Rund-um-die-Welt-Ticket". Ein absolutes Sonderangebot. Es kostete nicht viel mehr als der Flug nach Amsterdam. „Das wäre die Gelegenheit auszuprobieren, ob Gott mein Ehemann ist", dachte sie. Auf so einer risikoreichen Reise würde sie erfahren, ob Gott wirklich wie ihr Mann früher für sie sorgen würde. Außerdem hatte sie ja schon immer von Tahiti geträumt, das war eine Station auf dieser Reise. Sie hatte viele Freunde, die als Missionare in fernen Ländern arbeiteten. Die könnte sie auf diesem Wege gleich mitbesuchen. Außerdem wollte sie unterwegs herausfinden, wo Gott sie in Zukunft haben wollte. Vielleicht rief Gott sie ja in eines dieser fernen Länder?

Es wurden sieben aufregende Monate. Von Amsterdam nach Neu-Delhi und drei Wochen in Indien. Drei Wochen auf einer Schaffarm in Neuseeland, dann Indonesien, Malaysia, Tahiti ... Einmal drei Tage in einer palmgedeckten Hütte direkt am Wasser Ananas essen und Wasser schlürfen. Freunde treffen und neue Menschen kennenlernen. Sie kam wirklich um die ganze Welt und schaute sich vieles an, was sie schon immer mal hatte sehen wollen.

Das Ticket beruhte auf Standby-Flügen. Das ging so: Man fuhr zum Flughafen und fragte kurz vor dem Abflug, ob in der Maschine noch Restplätze frei waren. Wenn nicht, dann musste man eben auf das nächste Flugzeug warten. Manchmal flog die Fluggesellschaft nur einmal in der Woche die gewünschte Linie. Dann musste Yola eben warten. Das war spannend.

Einmal hatte Yola ihren Freunden im nächsten Land angekündigt, wann sie auf dem Flugplatz abgeholt werden konnte. Da sagte man ihr: „Es ist kein Platz mehr frei." Was sollte nun werden? Sie konnte nicht telefonieren. Wo sollte sie übernachten? „Was mache ich jetzt nur?", dachte sie. Da winkte sie die Stewardess in letzter Minute durch. Sie rannte über das Flugfeld, stieg als Letzte ins Flugzeug. Hinter ihr wurde die Tür geschlossen.

Als sie auf ihren Platz sank, hörte sie, wie Gott zu ihr redete: „Warum regst du dich nur so auf? Habe ich dir nicht gesagt: Ich bin dein Ehemann, ich bringe dich durch?" „Ach", seufzte sie, „Herr, ich muss das noch lernen, dir zu vertrauen, ohne mich aufzuregen." So wurde ihre Weltreise gleichzeitig eine Schule des Vertrauens zu Gott, ihrem Herrn.

Als sie nach sieben Monaten nach Kalifornien zurückkam, wusste sie immer noch nicht, wo Gott sie haben wollte. „Aber eines wusste ich genau“, sagt sie, „dass der Herr mein Ehemann ist und ich keinen anderen brauche. Ich habe auch nie einen anderen gesucht. Jetzt lebe ich fünfundzwanzig Jahre allein und es waren volle, ausgefüllte Jahr, bis heute. Gott hat mir ganz klar gezeigt, dass er für mich sorgt wie mein Mann.“ Dankbar schaut sie zurück auf die sieben Monate ihrer Weltreise. „Wenn man immer in gewohnten Bahnen lebt, dann kann man nicht ausprobieren, wie vertrauenswürdig Gott ist. Dafür muss man seine Umwelt verlassen und Neues ausprobieren. So kann das Vertrauen auf Gott wachsen. Das will er uns beibringen“, davon ist Yola überzeugt.

Gott hatte tatsächlich eine besondere Aufgabe für sie. Davon konnte sie damals noch nichts ahnen. Während der Zeit mit ihrer Familie und den Enkeln hielt sie immer noch Verbindung nach Deutschland. So viele liebe Freunde hatte sie hier. Um so viele Menschen hatte sie sich im Laufe der Jahre gekümmert. Nun gingen Briefe hin und her und es wurde viel telefoniert. Dann kamen auf einmal zwei Notrufe. Ein junges Mädchen, um das sich Yola wie um eine eigene Tochter gekümmert hatte, versumpfte in Drogen und Alkohol. Yola hoffte, dass ein persönliches Gespräch sie vom verkehrten Weg zurückholen könnte. Sie musste wohl nach Deutschland fliegen. Und da war noch eine Frau, die Yola sehr am Herzen lag. Die war schwer an Krebs erkrankt und hatte keinen Lebensmut mehr. „Da muss ich hin. Ich muss mit beiden reden“, dachte sich Yola und buchte einen Kurztrip nach

Deutschland. Drei Wochen wollte sie bleiben, Besuche machen, Gespräche führen und dann wieder zurück ins schöne neue Zuhause in Amerika.

Den beiden Frauen konnte sie leider nicht helfen. Doch Gott hatte einen ganz anderen Plan für sie. Zuerst besuchte sie eine alte Freundin. Die feierte gerade Geburtstag. Da saß eine Frau neben ihr und erzählte vom Frühstücks-Treffen für Frauen. Davon hatte Yola noch nie etwas gehört. Dreihundert bis vierhundert Frauen kamen da in Bonn zusammen, wurde ihr erzählt. Yola erinnerte sich: Als sie noch in Koblenz lebte, da hatte sie auch versucht, Frauen einzuladen. Wenn da mal fünfzig Frauen zu Weihnachten kamen, war das schon viel. Was sie nun hörte, konnte sie kaum glauben. Sie fragte nach, ließ sich das Konzept erklären und war beeindruckt.

Die nächste Station ihres Deutschlandbesuchs war Stuttgart. Da sagte man ihr: „Weißt du, was wir hier Neues haben? Ein Frühstücks-Treffen, da kommen tausend Frauen." Auch an der dritten Station ihrer Reise erzählte ihr jemand: „Ich lade die Frauen in unserem Dorf ein. Dann fahren wir zum Frühstücks-Treffen."

Der Gedanke verfolgte Yola. Als sie in Koblenz aus dem Zug stieg, traf sie eine ehemalige Mitarbeiterin der Teestube. Die fragte sie: „Hast du schon mal was von diesem Frühstücks-Treffen für Frauen gehört? Hättest du nicht Lust, da mitzuarbeiten?" Die Frau meinte: „Ja, wenn das so einfach ist, warum nicht?"

Yola telefonierte mit ehemaligen Mitarbeiterinnen der Koblenzer Teestube. So kam eine Liste mit dreißig Frauen zusammen, die Interesse zeigten. Dieses Blatt übergab sie der Frau, die sie am Bahnhof getroffen hatte. Yola erklärte ihr alles, was sie machen sollte. Dann flog sie zurück nach Amerika. Zu Hause erreichte sie ein Brief. Die Frau erklärte ihr, dass sie diese Arbeit nicht machen wolle. Da ergriff Yola wieder die Initiative. Sie schrieb die Frauen selbst an und erklärte ihnen alles. Doch es tat sich nichts. Damit hatte sich für Yola die Sache erledigt. Sie dachte: „Ich habe alles versucht. Wenn sie nicht wollen, dann kann ich auch nicht helfen."

Sie richtete sich in ihrem schönen neuen Haus ein und vergaß das Frühstücks-Treffen, bis ein Brief aus Koblenz kam. Wieder schrieb eine Freundin. Sie hatte die Frau getroffen, die Yola bei der Geburtstagsparty kennengelernt hatte. Beide Frauen wunderten sich, dass sie eine gemeinsame Bekannte in Amerika hatten. Das nahmen sie zum Anlass, dafür zu beten, dass Yola zurück nach Deutschland kam. Sie sollte helfen, diese neue Frauenarbeit aufzubauen. Beide konnten sich gut vorstellen, dass Yola sehr kompetent für eine solche neue Arbeit wäre.

Yola war erstaunt. Sie fragte sich: War das jetzt die Antwort von Gott auf ihre Frage nach einem neuen Auftrag? So schnell wollte sie sich nicht entscheiden. Sie wollte ganz sicher gehen.

Dann kam noch ein Brief von einer anderen Frau, die Yola ebenfalls bat zu kommen. Es war Barbara Jakob, die Gründerin der Frühstücksarbeit, die Yola ganz offiziell einlud. Was sollte nun geschehen? Yola zeigte den

Brief ihren Kindern. Die wunderten sich nicht. „Wir wussten, dass du nicht lange hier bleibst", sagten sie gelassen. So kam es, dass Yola drei Jahre, nachdem sie Deutschland verlassen hatte, mit zwei Koffern wieder in Deutschland landete.

Sie ahnte nicht, worauf sie sich eingelassen hatte. Es war eine schwierige Aufgabe. Etwas ganz Neues entstand. Völlig unterschiedliche Frauen rauften sich zusammen. „Jede von uns hat mal geheult", erinnert sie sich. Während die Frühstücks-Treffen schon in vollem Gange waren, musste die Organisation erst auf die Beine gestellt werden. Im Kapitel über Ilse Lenhard wird auch davon berichtet. Das Wachstum ging so rasant voran, dass sie nur hinterherhinkten. Es ging von einer Krise zur anderen. Kritiker meldeten sich zu Wort. Falsche Geschichten wurden verbreitet. Wollten da manche ihre eigenen Sachen durchsetzen? Worauf kam es wirklich an?

Da waren lauter starke Frauen, Leitungspersönlichkeiten mit eigenen Vorstellungen. Manchmal dauerten die Sitzungen bis zwei Uhr morgens. Am Ende konnten die Frauen sagen: „Es war toll, wie Gott uns zusammengeführt hat." Sie lernten einander anzunehmen. Jede von ihnen war mit ihren Gaben wie ein Mosaikstein, alle zusammen ergaben das ganze Bild.

Zehn Jahre lang gestaltete Yola die Geschichte dieser neuen Bewegung maßgeblich mit. Als das Fundament gelegt war, begann sie Vorträge zu halten und Bücher zu schreiben. Über hundertzwanzig Städte hat sie als

Referentin besucht. Sie ist aus dieser Arbeit nicht wegzudenken. Und das alles nur, weil sie Gott beim Wort nehmen wollte.

Bis die Sehnsucht ein Zuhause fand

Christiane Jenatschke hat sich verändert. Früher hätte sie nicht so entspannt und ausgeglichen in ihrem Wintergarten sitzen können. Sie war immer in Eile, verbreitete Hektik und hatte zahlreiche Verpflichtungen. Es war schwer, sich mit ihr in Ruhe zu unterhalten. Sie hatte immer schon den nächsten Termin im Blick oder kam gleich etwas zu spät, weil sie so viel am Hals hatte. Oder weil der Alkohol in ihrem Leben eine große Rolle spielte …

„Ich bin in einer heilen Welt groß geworden, hatte ein gutes Elternhaus und wuchs in die Gemeinde meiner Eltern hinein", erinnert sie sich. Anscheinend war alles super. Aber dann ging es bergab. „Es lag an mir. Ich dachte, dass ich für Gott noch viel mehr leisten müsste, um bei ihm anerkannt zu sein." Heute ist Christiane der Auffassung, dass das alles mit einer großen Sehnsucht zu tun hatte. Sie sagt sogar, beim genauen Hinsehen war diese Welt gar nicht so heil, wie sie damals dachte. Aber anfangs lief wirklich alles prima.

Obwohl sie im Osten Deutschlands aufwuchs, wurde sie nie wegen ihres Glaubens bedrängt. Sie musste zum Beispiel nicht in die Kinderorganisation der DDR, die „Jungen Pioniere", eintreten. Sie hatte gute Noten in der Schule und kam gut klar. In der zehnten Klasse entschloss sie sich, der „Freien Deutschen Jugend" (FDJ) beizutreten. Üblicherweise war die Mitgliedschaft notwendig, um einen guten Beruf zu bekommen. Christiane wollte Kinderkrankenschwester werden. „Ich dachte, das müsste sein. In Wirklichkeit hat mich nie jemand danach gefragt. Das war nur so eine Aktion, um vorne dranzustehen“, meint sie heute.

In ihrer Gemeinde war sie beliebt. Schon sehr früh wurde sie ins Mitarbeiterteam aufgenommen. Da sie regelmäßig kam, wurde einfach erwartet, dass sie Aufgaben übernahm. Zuerst arbeitete sie bei den Kinderstunden mit, später übertrug man ihr Leitungsaufgaben im Jugendkreis. Sie heiratete früh, wie es in der DDR normal war.

„Wer Jugendstunden halten kann, der kann auch Frauenstunden halten“, sagte man ihr bald und Christiane übernahm auch da ganz selbstverständlich Verantwortung. Sie wollte etwas tun, um Gott zu gefallen, und meinte, da müsse sie alle diese Aufgaben übernehmen.

Lächelnd schaut sie heute auf ihre ersten Themen im Frauenkreis zurück. Gemeinsam mit einer Freundin hatte sie verschiedene Frauenkreise besucht. „Wir waren voller Eifer und wollten alles umkrempeln. Am liebsten hätten wir die Liturgie im Gottesdienst abgeschafft, dabei weiß ich die heute durchaus zu schätzen.“

Auch gegen die damalige Kleiderordnung rebellierten die jungen Frauen. Sie wollten sich die kurzen Röcke und ein Dekolleté nicht verbieten lassen. Das führte zu zahlreichen Diskussionen, und die beiden machten sich nicht nur beliebt.

Irgendwann trennten sich die Wege der Freundinnen.

Christianes Freundin scheute sich nicht, weiterhin in Fettnäpfchen zu treten. Christiane dagegen suchte einen Weg, um weniger aufzufallen.

In diesen Jahren brachte die junge Ehefrau vier Kinder zur Welt. Das war für sie aber kein Grund, die Fülle der Aufgaben zu reduzieren! Sie arbeitete immer noch als Kinderkrankenschwester im nahen Krankenhaus. Meist übernahm sie dort die Nachtwachen, dann konnte sie am Vormittag schlafen, wenn die Kinder im Kindergarten waren.

Das schätzte man im Krankenhaus. So sah die Vorzeigefrau des Sozialismus aus: vier Kinder und Schichtdienst. Eine solche Frau belegte, dass es möglich war, arbeiten zu gehen und Kinder zu haben. So wollte es der Staat. „Damit bin ich in der großen Masse mitgeschwommen, habe alles gemacht, wie es üblich war“, weiß Christiane heute, „aber ich war anerkannt und geschätzt.“ Sogar ein theologisches Fernstudium absolvierte sie nebenher, um für Verkündigungsdienste gut ausgebildet zu sein.

Dann kam die Wende, mit dem Fall der Mauer veränderte sich die Gesellschaft. Es wurden Leute gesucht, die den Umschwung gestalteten. Christiane wurde in den Stadtrat gewählt. Auch das reichte ihr nicht: Sie übernahm den Vorsitz. Das tat sie, obwohl sie sich vorher nie mit Politik beschäftigt hatte. Kein Wunder also, dass sie total überfordert war. Aber man hatte ihr beigebracht, dass man nicht Nein sagen durfte.

Schon in den Jahren vor der Wende, als sie im Schichtdienst arbeitete, hatte sie gemerkt, dass sie nach einem

Glas Wein viel besser einschlafen konnte. Im Stadtrat gab es jetzt öfters Alkohol. Und Christiane stellte fest, dass dann alles viel leichter ging. Eigentlich war sie eine schüchterne Frau. Aber mit etwas Alkohol im Blut konnte sie ihre Meinung viel besser vertreten. Anfangs trank sie nur Wein, später ging sie zu Cognac über. Doch im Hinterkopf war da auch die Angst: Was macht dieses Zeug mit mir? Und was wäre, wenn ich es nicht hätte? Dann würde es nicht weitergehen. Schnell verdrängte sie diese Fragen wieder.

Irgendwann bemerkte sie, dass sie schon frühmorgens Cognac trank, und fand das unnormal. Aber schnell schob sie den Gedanken wieder weg.

Einmal fand in der Stadt eine große Evangelisationsveranstaltung statt. Während der Prediger redete, spürte sie, dass mit ihr etwas nicht stimmte. Eine große Sehnsucht nach Ruhe, nach Frieden und Geborgenheit ergriff sie. Sie hielt es in der großen Masse nicht aus und verließ den Saal. In einem Nebenraum fand sie sich allein und begann zu weinen. Sie fühlte sich so hilflos, so fern von dem, was sie sich wünschte.

Nach der Veranstaltung kam der Prediger, um mit ihr zu sprechen. Sie erzählte ihm ihre ganze Not. Seine Antwort lautete: „Christiane, das bildest du dir nur ein. Ein Christ wird nicht suchtkrank." Bis heute begegnet ihr diese Meinung. „Was, du warst Christ und hast getrunken? Das passt doch nicht zusammen, das kann nicht sein", hört sie, wenn sie ihre Geschichte erzählt.

Die Antwort des Predigers war für Christiane ein

Freibrief. Nun konnte sie ohne Bedenken weitertrinken. Gleichzeitig fühlte sie sich tief verletzt. Warum nahm sie dieser Mann in ihrer Not nicht ernst?

Der Posaunenchor ihrer Gemeinde hatte Kontakt zu einem Posaunenchor in den alten Bundesländern. Dort kannte man das „Blaue Kreuz". Die Leute rieten Christianes Mann, er solle doch Kontakt zu dieser christlichen Suchtkrankenhilfe aufnehmen. Denn Christoph hatte bemerkt, dass sich das Wesen seiner Frau verändert hatte. Das war nicht mehr die Christiane, die er geheiratet hatte. Wenn er von der Arbeit nach Hause kam, roch sie nach Alkohol. Den Haushalt erledigte sie nur noch oberflächlich. Manchmal brauste sie wegen einer Kleinigkeit auf, andererseits war sie vielen Dingen gegenüber gleichgültig geworden. Er musste sich immer mehr um die Kinder kümmern. Oft ließ sich Christiane von ihm entschuldigen, wenn sie nicht in der Lage war, einen Termin wahrzunehmen; denn so sollte sie niemand sehen.

Christiane dachte aber noch lange nicht daran, sich beim Blauen Kreuz zu melden. Sie war viel zu stolz, um in eine Alkoholikergruppe zu gehen, die sich noch dazu in den Räumen ihrer eigenen Gemeinde traf. Das war unter ihrer Würde. Aber irgendwie wusste sie doch, dass sie etwas unternehmen musste, sie hatte ihr Leben einfach nicht mehr im Griff. Einmal war es so schlimm, dass die Familie einen Tag später als geplant in Urlaub fahren musste, nur weil Mama es nicht auf die Reihe brachte.

Sie suchte sich eine staatliche Suchtberatung. Dort schlug man ihr vor, zur Entgiftung in eine Klinik zu gehen. Christiane nahm das nicht sehr ernst. Sie ging zwar zur Entgiftung, doch sie bildete sich ihre eigene Meinung. Die Leute in der Klinik, die waren wirklich suchtkrank! Aber sie doch nicht! Schließlich nahm sie an einer Woche des Blauen Kreuzes teil. Da waren andere Frauen, denen es genauso ging wie ihr. Sie hörte Bibelarbeiten und fasste den Entschluss: „Wenn du heimkommst, dann trinkst du nichts mehr. Du schaffst das." Doch es blieb nur ein Entschluss. Der Alltag sah ganz anders aus. Im Hinterkopf war da immer die Überzeugung: Du kannst die Probleme einfach wegtrinken.

So ging es immer weiter bergab. Die Mutter von vier Kindern wusste: Das konnte nicht so weitergehen. Sie verachtete sich selbst für ihr Trinken. „Ich hätte vor mir selbst ausreißen können, wenn es nur möglich gewesen wäre", erinnert sie sich an die Kämpfe jener Zeit. Manchmal, wenn ihr danach war, ging sie zu den Blaukreuzstunden. Sie suchte Hilfe in Gesprächen. Eines davon ist ihr in Erinnerung geblieben. Zu unglaublich erschien ihr das, was ihr ein Mitarbeiter der Gruppe sagte: „Christiane, solche Leute wie dich, die brauchen wir unbedingt." Sie dachte: „Das kann nicht wahr sein. Ich bin doch ein Versager auf der ganzen Linie. Gott hilft mir nicht, weil ich so ein Versager bin."

Obwohl sie inzwischen eine Entgiftung in der Klinik hinter sich hatte, blieb alles beim Alten. Dann kam es zum Äußersten. Die Familie wollte nach Dänemark in den Urlaub fahren. Unterwegs war ein Zwischenstopp bei Verwandten im Norden eingeplant. Christiane trank auch dort. Da ließ sie ihr Mann zurück. Er nahm sie einfach nicht mit, sondern machte sich mit den Kindern allein auf die Reise. „Dich kann ich nicht mitnehmen“, sagte er.

So blieb sie zehn Tage bei den Verwandten. Da hatte sie viel Zeit zum Nachdenken. Sie beschloss, dass sich nun endgültig etwas ändern musste. „Egal, was die anderen sagen oder denken, sobald ich eine Chance bekomme, mache ich etwas für mich“, das stand nun für sie fest. Sie beantragte eine Langzeittherapie. Die Wartezeit betrug über drei Monate. Vorher musste Christiane noch einmal in die Klinik zur Entgiftung. In dieser Zeit brauchte sie täglich eine Flasche Cognac. Sie hatte das Zeug überall im Haus versteckt: zwischen der Wäsche, bei den Putzmitteln und in allen möglichen Ritzen und Nischen. „Es war fürchterlich anstrengend. Ich musste mir ja merken, wo ich das Zeug versteckt hatte. Ich hatte es so verteilt, dass ich jederzeit irgendwo rankam“, beschreibt Christiane die Situation. Christoph hatte beschlossen, gar keinen Alkohol mehr zu trinken. Er wollte mit seiner Frau den Weg der Abstinenz gehen und ihr auf diese Weise helfen. So verschwanden alle Flaschen mit Alkohol aus dem Haushalt. Jedenfalls offiziell.

Anstrengend war auch, in dem kleinen Städtchen jeden Tag eine neue Flasche Schnaps zu besorgen. Das fiel auf, obwohl Christiane immer in ein anderes Geschäft ging.

Die meiste Mühe kostete es sie, nach außen das Gesicht zu wahren, obwohl sie sich innerlich völlig wert-

und hilflos fühlte. „Ich wusste, dass ich zu schwach war, da allein herauszufinden." Das war der entscheidende Punkt. Sie wollte nicht so weiterleben. „Das kann nicht alles sein. Mein ganzes Denken dreht sich nur noch um Alkohol." Nicht wegen der anderen, sondern um ihretwillen musste sich etwas ändern.

Der Termin der Entgiftung rückte näher. Sie hatte die Aufnahme mit allen peinlichen Fragen ja schon einmal über sich ergehen lassen. Auch diesmal schämte sie sich furchtbar und brachte nicht über die Lippen, wie es ihr wirklich ging. Den Arzt schwindelte sie genauso an wie beim ersten Mal. Sie sagte nicht, dass sie ohne eine große Flasche Cognac nicht mehr über den Tag kam. Dass sie vor sich selbst weglaufen wollte und dass sie nicht so weiterleben wollte. Sie brachte das Aufnahmegespräch einfach hinter sich.

Hinterher, als sie im Krankenzimmer saß, kam sie zur Besinnung. Sie wusste, dass ihr Arzt Christ war, und bat ihn um ein Gespräch. Er nahm sich sofort für sie Zeit. Da brach es aus ihr heraus. Endlich kam die Wahrheit ans Licht.

Den Arzt warf das nicht um. Er sagte: „Das hätte ich Ihnen vorher sagen können, dass Sie wiederkommen. Aber das hier ist der erste Schritt." Er vermittelte ihr ein Gespräch mit dem Krankenhausseelsorger. Daran kann sich Christiane heute kaum mehr erinnern. Was sie noch ganz genau weiß, ist der Inhalt der vielen Gebete jener Tage. Eigentlich mag sie das Wort „Gebet" nicht. Sie sagt: „Ich habe viel mit Gott geredet und erfahren, dass er mich hört. Das war so wichtig." Von nun an kann sie ihr Leben aus einer ganz anderen Perspektive sehen. Eines wird für sie ganz wesentlich: „Gott liebt dich, so wie du bist, mitsamt deinen Schwächen und Fehlern. Du musst keine Leistung vollbringen, damit Gott dich liebt."

Sie bekam ein ganz neues Bild von Gott. Und sie entdeckte, in was für einem Kartenhaus aus Lügen sie bisher lebte. Die Sucht hatte sie dazu getrieben, viel zu lügen. Nicht nur andere, auch sich selbst hatte sie angelogen. Wie oft hatte sie ihrem Mann beteuert: „Ich habe nicht getrunken." Viele Ausreden musste sie sich einfallen lassen, wenn sie nicht in der Lage war, zu einer Geburtstagsfeier oder zu einer anderen Verabredung zu gehen. Manchmal sagte sie einfach, sie habe Kopfschmerzen. Oder sie entschuldigte sich vom Stadtrat, weil sie angeblich die Kinder nicht allein lassen konnte. „Alles Quatsch", sagt sie heute, „mein Mann wäre da gewesen. Aber das wussten die ja nicht."

Besonders schlimm hatten ihre beiden Töchter das erlebt. Sie waren damals zehn und elf Jahre alt und hatten eine Mutter, die nie da war, wenn sie gebraucht wurde, aber stets nach Alkohol roch. Gerne hätten sie manchmal ihre Freunde mit nach Hause gebracht, doch sie schämten sich für ihre Mama. Ihre Arbeit in der Klinik hatte Christiane zu der Zeit schon aufgegeben, weil sie es nicht mehr schaffte.

All das brachte sie im Krankenzimmer immer wieder vor Gott. Mehr und mehr begriff sie, wie groß Gottes

Liebe für sie war. Sie brauchte keine Fassaden mehr, sie wollte einfach von dieser großen Zusage Gottes leben. Darauf wollte sie sich verlassen.

Diesmal machte sie ihrer Familie bei der Entlassung aus dem Krankenhaus keine Versprechungen. Sie hatte sich entschlossen, nichts zu sagen. Wenn sich wirklich etwas geändert hatte, dann würden ihr Mann und die Kinder das merken.

Die waren sehr skeptisch. Zu oft hatten sie schon ihre Hoffnung begraben müssen. Ja, sie hatten richtig Angst, dass alles wieder von vorne beginnen würde.

Nun wurde auch nicht gleich alles gut. Christiane musste eine herbe Enttäuschung verarbeiten: Ausgerechnet jetzt, wo sie sich veränderte, passierte das, wovor sie sich am meisten gefürchtet hatte – die Gemeindeleitung sagte ihr, dass sie nun keine Aufgaben mehr übernehmen dürfe. Sie sollte auch keine Frauenkreise mehr besuchen. Dabei hatte sie diese Dienste so geliebt. Das hatte ihr nicht nur Freude gemacht, sie hatte auch Kraft daraus geschöpft. Sollte sie wieder zum Seelentröster Alkohol greifen? Nein, das durfte nicht der Auslöser für einen Rückfall sein. Sie konnte die Kritik annehmen. Diese Suppe hatte sie sich selbst eingebrockt, nun musste sie mit den Konsequenzen leben. Im Gegenteil. Sie legte zunächst alle ihre Ehrenämter nieder. Auch für den Stadtrat kandidierte sie nicht mehr. Sie wusste ja nun: „Ich darf auch etwas für mich tun, darf einfach nur Hörer sein in der Gemeinde."

Nicht an einem einzigen Tag hatte sie seither das Verlangen, Alkohol zu trinken. Die Langzeittherapie trat sie nicht mehr an. Das hatte einen besonderen Grund: Ein Baby hatte sich angemeldet. Der Versicherungsträger sagte, dass sie später jederzeit noch eine Therapie bekommen könne. Doch Christiane braucht sie nicht. Sie ist endlich angekommen. Ihre Sehnsucht hat ein Zuhause gefunden. Oft liest sie den Psalm 139. „Der drückt so viel Geborgenheit aus. Egal, wo ich bin, Gott ist schon da. Er kennt mich in- und auswendig. Und er sagt Ja zu mir. Ich muss vor ihm weder im Dreck liegen noch auf die Leiter steigen. Er liebt mich einfach so, wie ich bin."

Die vielen Rückfälle haben Christiane barmherzig gemacht. Sie weiß: „Menschen in Not brauchen manchmal ihre Zeit. Bei mir hat es auch lange gedauert. Ich darf Fehler machen und andere auch." Nur eines wünscht sie sich: Sie möchte noch vielen Menschen helfen, ein Leben ohne Maske und Schauspielerei zu führen.

Inzwischen ist sie hauptamtlich in der Frauenarbeit engagiert. Gott hat sie schon lange wieder in seinen Dienst gestellt. Jetzt hat sie eine andere Einstellung. Sie muss sich nichts verdienen und freut sich, dass Gott sie gebrauchen will.

Was dein Herz wünscht

Die kleine Stephanie lag auf dem Teppich. Obwohl sie erst acht Jahre alt war, konnte sie sich kaum bewegen. Sie hatte Rheuma. Ihre Eltern hatten schon alles Mögliche versucht, damit sie wieder gesund wurde. Zahllose Krankenhausaufenthalte und schmerzhafte Physio- und Ergotherapien hatte das Mädchen über sich ergehen lassen. Was würden die Eltern nicht alles tun, damit es ihrer kleinen Tochter wieder besser ging!

Kein Wunder, dass sie ihr einen Wunsch erfüllen wollten, den nicht jedes Kind erfüllt bekam. Stephanie wünschte sich einen Hund. Darum war die Familie zu Barbara Puhl gekommen. Die züchtete Hunde. Aber sie vermittelte viel mehr als Hunde: Sie war Fachfrau für Therapie- und Behindertenbegleithunde. Stephanie war nur eine von vielen, denen sie mit ihren Hunden helfen konnte.

Als Barbara den schwarzen Welpen vor Stephanie auf den Teppich setzte, streckte das Mädchen seine Ärmchen nach dem Hundebaby aus, strahlte und streichelte den Hund. Ihre Eltern waren sprachlos vor Staunen. Wie oft hatte die Physiotherapeutin im Krankenhaus versucht, das Kind zu animieren, die Arme auszustrecken. Es ging nicht. Nun machte Stephanie die gleiche Bewegung und völlig freiwillig.

Der Hund wurde gekauft. Barbara brachte ihnen bei, wie Hund und Mensch am besten miteinander umgingen.

Aus dem kleinen schwarzen Hund wurde ein treuer Begleiter für Stephanie. Er lag nicht nur mit ihr im Bett, sondern er half ihr auch ohne Zwang, die nötigen Bewegungen zu üben. Das sind die Augenblicke, in denen Barbara dankbar wahrnimmt, dass Gott sie an die richtige Stelle gebracht hat. Heute ist Barbara Hundezüchterin und Ausbilderin für Therapie- und Behindertenbegleithunde und lebt an der Küste.

Früher sah ihr Leben ganz anders aus. Sie wohnte mit ihrer Familie im Ruhrgebiet, hatte mehrere Ausbildungen absolviert und war auch Seelsorgerin. Damit hatte eigentlich alles angefangen. Ihr Leben schien in geordneten Bahnen zu laufen. Sie arbeitete als evangelische Seelsorgerin in einem katholischen Ordenskrankenhaus. Eben hatte sie hier die „Grünen Damen" eingeführt. Zahlreiche Frauen engagierten sich ehrenamtlich, um den Patienten die Zeit in der Klinik zu erleichtern. Alles lief bestens.

Da fiel Barbara beim Bibellesen ein Wort aus dem Buch des Propheten Hosea auf. „Pflüge ein neues Feld!", hieß es da und Barbara hatte den starken Eindruck, dass ihr dieser Auftrag ganz persönlich galt. „Das kann ja jeder sagen", dachte sie sich. Sie wollte sich nicht vorstellen, aus dieser schönen Arbeit im Krankenhaus auszusteigen. Aber sie wollte Gott gehorsam sein. Das hatten ihr die Eltern so beigebracht. Also redete sie mit Gott. „Okay, Gott, wenn du das wirklich von mir willst, dann musst du schon sehr deutlich zu mir reden. Ich möchte, dass ich diesen Bibelvers noch zwei Mal von ganz verschiedenen

Seiten bekomme. Ich werde keinem Menschen etwas davon erzählen", so betete sie.

Gott ließ sie nicht im Ungewissen. Zuerst musste sie sich mit einer ärztlichen Diagnose abfinden. Man stellte fest, dass ihre Lunge nur noch zu zweiunddreißig Prozent funktionierte. Der Arzt redete deutlich. Es gebe für sie nur zwei Möglichkeiten, meinte er. Wenn sie weiter im Ruhrgebiet arbeitete, dann würde sie bald unter der Erde liegen. Die andere Möglichkeit wäre, den Wohnort zu wechseln. Am besten an die See. Diese Luft würde ihr guttun.

Wie sollte das gehen? Hier hatte sie ihren Mann und ihre Kinder. Sie hatte keine Ahnung, was daraus werden sollte. Aber Gott redete weiter zu ihr. Wie staunte sie, als sie das Gemeindehaus im Nachbarort betrat! Dort hing ein Plakat, das sie weder vorher noch nachher dort gesehen hatte. Darauf stand in großen, schönen Lettern: „Pflüge ein neues Feld!"

Nun hatte Barbara noch mehr Fragen als Antworten. Was wollte Gott von ihr? Wie sollte dieses neue Feld aussehen? Ihr Vater war Erfinder gewesen. Von neuen Dingen hatte sie oft gehört. Aber sie konnte sich nicht vorstellen, dass man immer noch etwas Neues entdecken könnte.

Da sie als Krankenhaus- und Urlauberseelsorgerin mit vielen Menschen Kontakt hatte, bekam sie viel Post. Darunter war dann der Brief, der ihr zeigte, dass Gott es ernst meinte. Da schrieb doch jemand: „Liebe Frau Puhl, ich grüße Sie mit dem Vers: ‚Pflüge ein neues Feld.'" Da war er tatsächlich wieder, zum dritten Mal, dieser Bibelvers aus Hosea! Nun wusste Barbara, dass tatsächlich etwas ganz Neues auf sie zukam. Die Probleme mit der Lunge waren nur ein Anstoß dafür. Aber was sollte sie tun? Immer noch wartete sie darauf, dass Gott ihr zeigte, welches Neuland sie beackern sollte.

Da kam ein Brief aus dem Norden. Man fragte sie, ob sie nicht als Krankenhausseelsorgerin kommen wolle. Ihre Familie hatte sich schon langsam darauf eingestellt, dass eine Veränderung bevorstand. Die Kinder waren fast erwachsen. Sie brauchten die Mutter nicht mehr dringend.

Barbara fuhr zum Vorstellungsgespräch nach Eiderstedt. Auf dem Weg dorthin machte sie halt an einer Autobahnraststätte. Beim Händewaschen streifte sie ihren Ring ab. Es war ein besonderer Ring, ein Berufungsring. Er stellte sie mit den Nonnen im Ordenskrankenhaus auf eine Stufe. Der goldene Ring hatte ein Dreieck mit einem Kreis, ein Symbol für die Dreieinigkeit Gottes. Als Barbara mit ihrem Auto den Elbtunnel durchquerte, durchfuhr sie der Schreck. Sie hatte den Ring liegen gelassen! Was sollte sie tun? Der Ring war weg. Sie musste zum Vorstellungsgespräch, sie hatte keine Zeit umzukehren. Außerdem war es sehr unwahrscheinlich, dass so ein kostbarer Ring auf dem Waschbecken liegen blieb.

Das Gespräch lief gut. Barbara wurde eine halbe Stelle als Seelsorgerin in einem Altenpflegeheim angeboten. Außerdem sollte sie im Kirchenbezirk die Pfarrer vertreten. Auf dem Rückweg stiegen Zweifel auf. Das war kein neues Feld, das war ein „gebrauchtes“. Diese Arbeit hatte ganz und gar nichts Neues an sich. Außerdem: Sollte sie wirklich von ihrer Familie weggehen? Sollte sie die tolle Arbeit im Krankenhaus aufgeben? „Gott, ich brauche ein Zeichen!“, betete sie.

Vor Aufregung war sie schweißgebadet, als sie durch den Elbtunnel zurückfuhr. Sie wollte es genau wissen. „Ich weiß, ich erwarte etwas Unmögliches. Aber ich frage jetzt in der Raststätte nach dem Ring“, so verhandelte sie mit Gott.

Zuerst musste sie fragen, wie sie auf die andere Seite der Autobahn kommen konnte. Als sie von ihrem Anliegen erzählte, lachte der Mann nur. Sie ließ sich nicht beirren.

Dann kam sie ins Restaurant der Raststätte. An der Kasse stand der Koch mit seiner großen Kochmütze. Sie sprach ihn an, erzählte von dem Ring, den sie auf dem Hinweg liegen gelassen hatte. Der Koch begann schallend zu lachen. Barbara sagte: „Ich weiß, dass es unmöglich ist. Aber können Sie nicht bitte doch nachfragen?“ Sie setzte ihre ganze Überredungskunst ein.

Schließlich versprach er, im Büro nachzufragen.

Barbara lud sich das Tablett voll und setzte sich zum Essen hin. Da kam eine vornehm gekleidete Frau herein. Sie stellte sich an Barbaras Tisch, beugte sich herunter und fragte: „Sie haben etwas verloren? Beschreiben Sie den Ring doch mal.“ Barbara erzählte ihre Geschichte aufs Neue. Die Frau kannte das Symbol nicht, doch sie war entsetzt. So etwas hatte sie noch nie erlebt: Der Ring war im Büro abgegeben worden! Barbara bekam ihn zurück. Gott hatte ihr sehr deutlich geantwortet.

An der Geschichte mit dem Ring kam sie nicht vorbei. Diese Erfahrung bestätigte ihr den neuen Auftrag und gab ihr Halt, wenn die Zweifel sie später wieder einholten. Nun wusste sie: Gott hatte ihr ein neues Aufgabenfeld anvertraut. Da wollte er sie haben. Dass Gott hier auch ihre Lunge heilen wollte, daran dachte sie in diesem Moment nicht.

Heute hat Barbara wieder eine Lungenfunktion von fünfundneunzig Prozent. Das ist nicht alles. Gott hatte tatsächlich etwas ganz Neues mit Barbara vor. Hunde hatten in ihrem Leben immer eine besondere Rolle gespielt. Doch nun wollte ihr Mann keinen mehr haben. Aber Barbara wollte gerne wieder einen Hund haben, schon deshalb, weil sie sich dann sicherer fühlte. Sie hatte mit so vielen fremden Menschen zu tun, manchmal sogar mit Kriminellen, die sie in der Klinik seelsorgerlich betreute.

Es war noch im Ruhrgebiet. Im Herbst 1987 sagte ihr Gott: „Ich will dir geben, was dein Herz wünscht." Was wünschte sie sich denn? Einen Hund. Aber was für einen? Sieben Punkte fielen ihr ein, die der Hund erfüllen sollte. Es gibt über fünfhundert Hunderassen, aber welcher wäre gut für sie? Er sollte mittelgroß sein, langes Schmusefell haben, gehorsam und lieb sein. Es sollte eine Hündin sein. Und das Wichtigste war: Ihr Mann sollte zustimmen.

Einen Tag vor ihrem Geburtstag, am 30. Mai 1988, bekam Barbara einen Anruf. Der Polizeitierarzt kannte sie. Er sagte, da sei ein Fundhund in der Praxis. Der müsse dringend untergebracht werden. Ob sie wohl den Hund übernehmen könne?

Barbara wollte erst ihren Mann fragen. Sie war erstaunt: Er stimmte zu. Es war ja ein Fundhund. Vielleicht musste er bald zurückgegeben werden. Barbara fuhr in die Tierarztpraxis. Dort wartete die Colliehündin Tasja auf sie. Sie hatte alles, was Barbara sich gewünscht hatte. Tasja ging mit Barbara nach Hause, ganz so, als ob die beiden schon immer zusammengehört hätten. Sie war super ausgebildet und passte als Hütehund auf alles auf. Für die Familie war es klar, dass dieser Hund „unser Neuer" ist.

Tasja wurde Barbaras ständige Begleitung. Sie zog mit ihr an die Nordsee. Barbara begann ihre Arbeit als Seelsorgerin im Altenheim. Der Heimleiter erlaubte, dass Tasja dorthin mitkommen durfte. Die Senioren waren begeistert. Die Colliehündin benahm sich bestens. Ein Hund zum Anfassen – das tat den alten Menschen gut. Tasja brachte Leben in die so geregelte Welt der Einrichtung.

Dann kam Barbara der Gedanke, dass Tasja Nachwuchs haben sollte. Die Hündin brachte zwölf wunderschöne Welpen zur Welt. Obwohl Barbara bisher keine Ahnung von Hundezucht hatte, klappte alles bestens. Die Hündin versorgte ihre Babys. Sie hatte ausreichend Milch.

Als der Tierarzt zum Impfen kam, empfahl er Barbara, die Welpen auf einer Ausstellung zu zeigen. Die Kleinen belegten auf Anhieb den ersten Platz der Gesamtausstellung. Nun ahnte Barbara, was das neue Feld für sie war. Sie verkaufte alle Welpen, bis auf einen. Mit dem ging sie weiterhin zu ihren Senioren. Der kleine Bursche war so lieb, dass er die Herzen im Sturm eroberte. Er war so lieb, dass er sogar bei Schwerstkranken und Sterbenden im Bett liegen blieb.

Doch es galt auch jede Menge bürokratischer Hürden zu bewältigen. Barbara musste nachweisen, dass Hundefell weniger Bakterien trägt als eine Türklinke. Sie musste den Hund jede Woche beim Tierarzt vorstellen. Zunächst bekam sie keinerlei finanzielle Unterstützung.

Aber die Auswirkungen im Heim waren beachtlich. Durch den Kontakt mit dem Hund brauchten die Senioren weniger Schlaf-, Schmerz- und Beruhigungsmittel. Barbara betrat damit absolutes Neuland. Das hatte es bisher in Deutschland nicht gegeben.

Obwohl ihr die Arbeit Freude machte, bemerkte Barbara in dieser Zeit, dass irgendetwas mit ihr nicht in Ordnung war. Vor etlichen Jahren hatte sie einen Unfall mit einem Geisterfahrer gehabt. Von der schlimmen Hirnverletzung hatte sie sich nie ganz erholt. Probleme beim Gehen waren ihr immer geblieben.

Doch die Probleme mit dem Kopf wurden immer deutlicher. Sie verwechselte die Zahlen. Zuerst merkte es ihre Organistin im Gottesdienst, wo Barbara den Pfarrer vertrat. Barbara sagte der Gemeinde andere Liednummern aus dem Gesangbuch an als abgesprochen. Im Altenheim machte Barbara falsche Ansagen. Das Ganze gipfelte darin, dass sie als Krankenhausseelsorgerin bei einer Konfirmation für das falsche Mädchen betete. Das war schlimm. So jemand konnte man nicht in der Öffentlichkeit auftreten lassen. Wegen verschiedener gesundheitlicher Probleme beantragte sie Erwerbsunfähigkeitsrente.

Die Rente wurde ohne Komplikationen genehmigt. Nun hatte Barbara den Rücken frei für das Neue: Sie konnte sich ganz der Arbeit mit den Hunden widmen. „Das will Gott jetzt von mir. So kann ich Menschen helfen. Das ist das neue Feld. Gott selbst hat es initiiert", wurde ihr klar.

Aber zunächst wurde sie kaum akzeptiert. Sie war Autodidaktin. In Deutschland braucht man für alles ein Diplom oder ein Zertifikat. Was konnte sie schon vorlegen? In den USA fand sie eine Organisation für Therapiehundeausbilder. Eine Frau aus der Schweiz hatte dort ihr Diplom erhalten. Sie war die Erste in Europa, die sich dafür qualifiziert hatte. Diese Frau wurde bevollmächtigt, Barbara die Prüfung abzunehmen. So wurde Barbara die erste geprüfte Therapiehundeausbilderin in Deutschland.

Von da an wurde sie immer öfter zu Vorträgen über die tiergestützte Therapiearbeit mit Hunden eingeladen. Bald schon bildete sie selbst Menschen und Hunde für diese Aufgabe aus. Sie gründete einen Verein für ehrenamtliche Therapiehundeführer und später noch einen Berufsverband.

Wenn Hunde gut ausgebildet werden, können sie ein wertvoller Begleiter für behinderte Menschen sein. Ein Behindertenbegleithund wird individuell für eine bestimmte Person ausgebildet. Er kann Gegenstände aufheben und bringen. In einem speziellen Fall lernte der

Hund sogar, seinem Menschen ein Medikament aus dem Kühlschrank zu holen.

Auch Barbara hat auf ihren Reisen einen Behindertenbegleithund dabei. Er kann sie ausziehen oder den Fahrstuhl für sie holen. So ein Hund trägt eine Kenndecke mit einem roten Kreuz und zwei Hundeköpfen drin. So kann jeder erkennen, dass dieser Hund als Helfer dabei ist.

„Erschließt euch neuen Ackerboden, denn jetzt ist die Zeit da, den Herrn zu suchen, damit er kommt und euch mit Gerechtigkeit überschütten wird", so heißt der Bibelvers, der Barbara den Anstoß gab, ihr Leben zu verändern.

Ihr Auftrag hat sich nicht verändert. Sie kann noch immer mit vielen Menschen sprechen und ihnen helfen. Mit ihrer Ausbildung als Seelsorgerin ist sie gut gerüstet im Umgang mit den Menschen, die zu ihr kommen, um einen passenden Hund zu finden. Mit ihrem Wissen über Hundeerziehung kann sie ganz praktische Lebenshilfe vermitteln.

„Ich übe jetzt mehr Seelsorge als je zuvor", sagt sie. Sie ist auf dem „Acker" angekommen, den Gott ihr anvertraut hat. Auf den ersten Blick ist es nur ein großes Grundstück inmitten von Wiesen und Feldern, fernab vom pulsierenden Leben. Aber gerade von dort aus kann Barbara Gottes Auftrag erfüllen.

Den eigenen Platz finden

Es war nur eine kleine Bemerkung. Aber der kurze Satz löste etwas aus, was Alexandra sonst selten passierte. „Die Frage ist, ob du nicht zu alt bist für diese Aufgabe, die du hier machst“, hatte die junge Frau gesagt. Alexandra Depuhl war gerade mal fünfundfünfzig Jahre alt. Ihre jüngste Tochter war sechzehn geworden und es gab keinen Grund zum Aufhören, fand Alexandra. Im Gegenteil, sie hatte schon einiges angekurbelt und hatte noch viel vor. Untätig war sie nie gewesen.

Hinter ihr lagen nicht nur fünfundfünfzig bewegte Jahre, sie hatte in dieser Zeit selbst viel bewegt. Und sie hatte vor, noch viel in Bewegung zu setzen. Nun dieser Einwurf. Was hatte sich die junge Frau nur dabei gedacht? Oder besser: Was hatte sich Gott damit gedacht?

Nach der Sitzung hatte Alexandra einen langen Heimweg. Während der Fahrt rollten ihr die Tränen über die Wangen. Das war so gar nicht ihre Art. Doch sie wusste, mit wem sie über ihre Traurigkeit reden konnte: Vor Gott konnte sie ihre Verletzung und alle ihre Fragen in Worte bringen. Im Gebet bat sie, dass Gott ihr doch sagen möge, was diese Bemerkung für eine Bedeutung hatte.

Sie wusste, dass Gott sie begabt hatte, um zu leiten. Sie war eine erfolgreiche Frau. Ohne sich darum zu bemühen, war sie in bis zu zehn verschiedenen Leitungsgremien gelandet. Manche Ämter hatte sie nur zeitweise übernommen, andere über viele Jahre. Viele dieser Gremien waren überregional aktiv.

Alexandra hatte viel mit Gott erlebt. Sie liebte Herausforderungen und fragte Gott immer wieder, wo er sie haben wollte. Sie kannte ihre Wurzeln und wusste es zu schätzen, dass ihre Familie eine lange Tradition hat. Von ihrem Vater hatte sie den Erfindergeist mitbekommen, der immer auf der Suche nach Neuem war. Er hatte sich auch nicht unterkriegen lassen, obwohl er dreimal eine neue Firma aufbauen musste. Alexandra wusste von klein auf, was sie wollte, und verstand es auch durchzusetzen. „Schon als Kind konnte ich leiten", erinnert sie sich.

Der christliche Glaube wurde ihr dagegen nicht in die Wiege gelegt. Religion gehörte zwar für ihre Eltern zum guten Ton. Die Tochter wurde zum Kindergottesdienst geschickt und selbstverständlich auch konfirmiert. Aber die Eltern gingen gewöhnlich nicht zur Kirche. Nach der Konfirmation spielte Gott keine Rolle mehr.

Alexandra begann eine Lehre als Hotelfachfrau. In dem großen Hotel in Hannover wurde sie von einem Gast zu einer Zeltevangelisation eingeladen. Es war ein ausländischer Prediger, der sie bat zu kommen. Sie ging nur aus Freundlichkeit hin. Dort hörte sie von Jesus und vom Glauben. Da sie schon immer entscheidungsfreudig war, war es kein Wunder, dass sie sich am selben Abend entschied, Jesus ihr Leben anzuvertrauen und ihm zu folgen. Wie es ihre Art war, hatte sie die Entscheidung gründlich durchdacht und zog sie dann ohne Wenn und Aber durch.

An den folgenden Tagen schleppte sie die anderen Mädchen mit, die im selben Hotel Lehrlinge waren. Zwei von ihnen entschieden sich ebenfalls für ein Leben mit Jesus.

Für Alexandra war klar, dass sich ihr Leben nun ändern musste. Sie konnte nicht so weiterleben wie bisher. Als Erster bekam ihr Chef das zu spüren. Sie meldete ein Gespräch bei ihm an und bekundete: „Ich bin Christin geworden, das heißt: Ich betrüge, lüge und stehle nicht mehr. Ganz konkret: Ich sage die Wahrheit. Es kommt nicht mehr infrage zu sagen: ‚Er ist nicht da', wenn der Chef nebenan sitzt. Ich schenke den Gästen den guten Wein auch noch am Ende der Hochzeit ein. Ich nehme den Leuten nichts weg, indem ich etwas verkaufe, was nicht gut ist. Das ist für mich das Gleiche wie Stehlen.

Außerdem möchte ich an jedem zweiten Sonntag zum Gottesdienst gehen. Dafür arbeite ich an den anderen Sonntagen länger, insgesamt achtzehn Stunden."

Das musste der Chef erst einmal verkraften. Er schrieb an Alexandras Eltern. Die konnten auch nicht verstehen, was in ihre Tochter gefahren war. Aber Alexandra blieb konsequent. Der Chef lenkte ein. Bald wusste er diese junge Mitarbeiterin zu schätzen. Auf die konnte er sich verlassen. Was die sagte, das zog sie auch durch. Er musste nicht überlegen, ob auch stimmte, was sie ihm erzählte.

Alexandra konnte ihre Lehre mit Auszeichnung abschließen und wurde übernommen. Doch es hielt sie nicht lange in dieser Arbeit. Seit ihrer Entscheidung für

Jesus engagierte sie sich in einer Gemeinde. Sie übernahm den Büchertisch, machte bei der Kinderarbeit mit und sang im Chor. Doch sie hatte noch mehr vor. Sie war sich sicher, dass Gott sie als Missionarin ins Ausland schicken wollte. Darum wollte sie Sprachkenntnisse erwerben. Ihre Eltern waren nicht begeistert von den Plänen der Tochter.

Bis zur Volljährigkeit arbeitete Alexandra in Frankreich in einem renommierten Hotel. Dann ging sie in die Schweiz. Dort lernte sie ihren Mann kennen. Er hatte in den USA Theologie studiert und hatte einen Ruf in die Mission, wie Alexandra auch. Die beiden heirateten. Zunächst nutzten sie die Zeit zum Studieren in den USA und zur Mitarbeit in verschiedenen Gemeinden. Zeitweise lebten sie in Amerika, zeitweise in Deutschland.

Ihre Pläne, in die Mission zu gehen, wurden von Gott durchkreuzt. Sie erbten einen Bauernhof. Bald wurde ihnen klar, dass hier eine neue Möglichkeit zur Arbeit mit Jugendlichen entstehen sollte: ein Camp. In den USA holten sie sich die Anregungen dafür. In Deutschland wurde ihnen der Weg dahin nicht leicht gemacht. Fünf Jahre dauerte es, bis die Camp-Arbeit starten konnte.

Alexandra war die geborene Leiterin. Michael war der Lehrer, der fantastisch erzählen und die Jugendlichen mit Jesus und mit der Bibel bekannt machen konnte. Alle organisatorischen Hürden waren für Alexandra eine Herausforderung. Sie lernte, dass Gott durch Schwierigkeiten den Charakter stärkt.

Im Camp begann Alexandra auch damit, Frauen einzuladen und ihnen Vorträge zu Lebens- und Glaubensfragen anzubieten. Eine Folge davon war, dass sie zu den Gründerinnen des Vereins Frühstücks-Treffen für Frauen gehörte. Sie leitete die Arbeit in ihrer Heimatstadt und gehört zum überregionalen Vorstand.

Das war nur eine ihrer Aufgaben, in denen sie sich über Jahre bewährte. Und nun sagte ihr eine junge Frau einfach so, dass sie zu alt sein könnte! Das durfte doch nicht wahr sein! Was hatte Gott nur jetzt mit ihr vor? Wie so oft in ihrem Leben betete sie. „Gott, ich bin bereit für eine neue Aufgabe. Ich möchte anderen gerne etwas weitersagen von dem, was ich mit dir gelernt habe. Aber ich werde selbst nicht in Aktion treten und mir jetzt irgendetwas an Land ziehen." So ähnlich redete sie mit Gott.

Ihr war klar geworden, dass sie gerne Frauen anleiten wollte, die dann selbst Verantwortung übernahmen. Fünf Punkte legte sie sich zurecht. Nur wenn die sich erfüllten, dann wollte sie etwas ganz Neues beginnen. Zu der Zeit ahnte Alexandra nicht, dass Gott sie zwei Jahre warten lassen würde. Doch dann kamen plötzlich fünf Frauen zur gleichen Zeit auf sie zu. Sie hatten genau die Fragen, die Alexandra sich ausgedacht hatte. Eine wollte etwas Neues lernen. Eine andere wollte wissen, wie sie Verantwortung übernehmen konnte. Und wieder eine andere wollte wissen, wo Gott sie gebrauchen konnte. Alexandra lud sie alle ein.

Zum ersten „Mentoringkreis" kamen genau diese fünf Frauen. Später nannten sie diese Treffen „Profilkreis".

Die gemeinsamen Abende waren lang. Zuerst nahmen sie sich viel Zeit, um einander zu erzählen, wie es ihnen ging. Offen und ehrlich wurde über Schwierigkeiten und über Erfolge gesprochen. „Immer beides im Zusammenhang, nie nur eine Seite", das ist bis heute eine der festen Vorgaben für diese Gespräche. Immer wieder konnten sie sich erzählen, was sie mit Gott erlebt hatten. Es war klar, dass keine draußen über die anderen redete. Alles, was besprochen wurde, blieb im Kreis. So konnte jede ohne Vorbehalte ihre Gefühle und Fragen äußern.

Dann nahmen sie sich viel Zeit, um über einen Bibeltext nachzudenken. Was stand da wirklich? Was wollte Gott ihnen mit dieser Geschichte, diesem Text sagen? Gerade wenn sie das Empfinden hatten, dass Jesus etwas sagte, was ihnen nicht gefiel, begannen sie intensiv zu fragen. Da musste etwas Neues dahinterstecken. Gerade die schwierigen Stellen wurden der Schlüssel für neues Denken. Nur wenn frau sich dem stellte, konnte sie erkennen, was Gott Neues von ihr haben wollte.

Diese Frauen wollten keine Ja-Sager sein. In diesem engen Kreis durfte jede auch äußern: „Das glaube ich nicht. Da muss etwas anderes dahinterstecken." Mit fertigen Antworten gab sich keine zufrieden. Das trieb sie dazu, sich noch mehr mit der Bibel zu befassen. Ganz besonders interessierten sie sich dafür, wie Jesus mit den Frauen umging. „Wie würde Jesus heute mit uns reden?", fragten sie sich immer wieder, um Antworten für ihr persönliches Leben und ihre Entwicklung zu finden.

Auf die Gespräche folgte immer ein intensives Gebet

füreinander. So entstanden tiefe Freundschaften zwischen den Frauen, die sie weiterbrachten. Sie tauschten sich auch im Alltag oft über persönliche Probleme aus. Es war echte Gemeinschaft, Schwesternschaft, was sie lebten. Alexandra war jederzeit für sie ansprechbar. Sie konnten sie anrufen, wenn sie etwas beschäftigte.

Bald übernahmen die Frauen selbst die Leitung der Bibelarbeit und entwickelten eigene Ideen dafür. Eine las aus der Kinderbibel, weil sie dort etwas besonders gut verstanden hatte. Eine andere entwickelte ein Bodenbild, um zu zeigen, was ihr wichtig war.

Alexandra war die Mentorin, die die Fäden zusammenhielt. Doch schon bald merkte sie, dass sie selbst von diesen Treffen profitierte. Sie entdeckte durch diese Frauen selbst neue Aspekte der Bibel und konnte sie in ihren Predigten anwenden. Es veränderte sich etwas. Manche der so geförderten Frauen konnten Dinge viel besser als Alexandra. „Ich habe erfahren, dass manche besser waren als ich. Sie sind an mir vorbeigefahren. Wenn andere mehr Einfluss haben als ich, dann freue ich mich darüber. Die nächste Generation muss die Verantwortung sowieso übernehmen“, beschreibt sie das. Damit wird genau ihr Anliegen umgesetzt.

Sie möchte, dass Frauen ihr Potenzial erkennen und einsetzen. Wie oft hatte sie beobachtet, dass Frauen sich mit viel Kraft in ihren Gemeinden engagierten, aber eigentlich am völlig falschen Platz waren. Sie taten nicht das, was ihren Gaben entsprach, sondern das, was gerade nötig war. Für die Gemeinden war es das Einfachste. Die Frauen selbst waren oft unzufrieden. Im „Profilkreis“ konnten sie darüber sprechen. Manche Frauen lernten, dass sie an der falschen Stelle waren, eben nicht an der Stelle, wo Gott sie haben wollte. Das veränderte die Frauen und ihre Gemeinden.

Alexandras Ziel ist es bis heute, dass Frauen ihr Potenzial entdecken und es auf geistliche und liebevolle Weise einbringen. Im „Profilkreis“ konnten sie entdecken, was Gott in sie hineingelegt hat. Sie bekamen genug Selbstvertrauen, um Aufgaben abzulehnen, die ihnen nicht lagen. Dafür hatten sie Mut, Dinge anzupacken, für die Gott sie begabt hatte. Es war erstaunlich, wie sehr die Frauen sich veränderten. Etliche von ihnen haben inzwischen Leitungspositionen übernommen. Mittlerweile startete Alexandra weitere „Profilkreise“. Die Ergebnisse gleichen sich.

Bei fast jeder Teilnehmerin kommt es zu Veränderungen. Manchmal sind es nur kleine Dinge, die das Leben ganz neu prägen. Oft sind es aber auch gewaltige Schritte, die die Frauen aufblühen lassen. Eine wagte ein Studium, nachdem die Kinder aus dem Haus waren. Eine andere stellte fest, dass der Minijob beim Bäcker ihr zwar Geld, aber keine Erfüllung brachte. Manche erkannten, dass sie in ungesunden Beziehungen lebten. Wieder andere bekamen Mut, Neues auszuprobieren, auch wenn daraus nicht gleich eine Lebensaufgabe wurde. Für Alexandra wurden viele von ihnen ein gutes Gegenüber, denn sie haben andere Stärken als Alexandra. So profitieren sie voneinander.

Mit Freude beobachtet Alexandra, wie die Frauen sich verändern. Sie vergleicht das gerne mit ihrer Lieblingsblume, dem Mohn. Mohn ist in jeder Phase schön, sagt sie und erklärt: „Wenn die Knospen heranwachsen, springen sie plötzlich auf und entfalten sich. Die Blüten haben eine wunderschöne rote Farbe. Dann fallen die Blütenblätter ab, aber es bleibt eine schöne Kapsel, die mit Samen gefüllt ist." So sieht Alexandra die Frauen, mit denen sie arbeitet. Jede Phase des Lebens ist sinnvoll und schön.

Inzwischen kann sie ihre Ziele zusammen mit der kanadischen Initiative „Next Level Leadership" sogar in anderen Ländern umsetzen. Das Prinzip ist überall das Gleiche: Frauen sollen gestärkt werden im Selbstvertrauen, im Charakter und in ihrer Kompetenz. Dadurch können sie auf besondere Weise nicht nur ihr Umfeld und ihre Gemeinde beeinflussen. Sie können auch christliche Werte in die Gesellschaft hineintragen und sie so positiv beeinflussen. Ob Hausfrau oder Managerin – Gott hat für jede einen besonderen Platz. Davon ist Alexandra überzeugt und sie möchte dabei helfen, diesen Platz zu entdecken.

Mit dem Wort „Feminismus" möchte sie nichts zu tun haben. Frauen sollen auf einem guten christlichen Fundament angeleitet werden. Sie sieht, wie Gott sich das gedacht hatte, als er Männer und Frauen schuf. Er hat mit den Frauen etwas ganz Besonderes vor. Leider haben viele das noch nicht entdeckt. Für manche ist der gedankenlose Umgang mit ihren Fähigkeiten sogar ein Hindernis zum Glauben. Sie wollen keine Rolle spielen, die nicht zu ihnen passt. Aber Gott hat in den biblischen Geschichten oft Frauen gebraucht, um etwas Neues zu beginnen. Starke Frauen haben auch in der Geschichte viel bewirkt. Sie haben Könige beraten oder als Ehefrauen von Politikern die Weltpolitik beeinflusst, selbst wenn sie nicht in der vordersten Reihe standen.

Heute gibt es Frauen in der Politik, die einen anderen Leitungsstil haben als ihre männlichen Kollegen. Die meisten machen es richtig gut, beobachtet Alexandra. Es kommt einfach darauf an, dass jede Frau ihren bestimmten Platz einnimmt. Frauen können sich dabei gegenseitig den Blick weiten und einander bestärken.

Wie unterschiedlich das aussehen kann, ist Alexandra erst vor Kurzem deutlich geworden. Da hatte die Frau mit so viel Leitungserfahrung ein kleines Erlebnis. Sie betreute für einen Abend ihr Enkelkind. Eine Stunde lang hielt sie das schreiende Bündel auf dem Arm. Schließlich fragte sie sich: „Was mache ich hier eigentlich? Ich könnte jetzt irgendwo einen Vortrag halten.“ Dann überlegte sie sich, dass die Mama des Babys gerade mit ihrem Vortrag viele Menschen erreichte. Und Alexandra wurde klar: „Ich mache genau das, was Gott will. Ich unterstütze sie, damit sie ihre Aufgabe erfüllen kann.“ Da wurde Alexandra froh, obwohl das Kind immer noch schrie.

So unterschiedlich kann es aussehen, wenn Gott beauftragt. Dort, wo Frauen sich so von Gott leiten lassen und sich gegenseitig unterstützen, kann Gott viel tun.

Alexandra ist überzeugt davon, dass es in Deutschland eine Erweckung geben kann, wenn die Frauen ihr Potenzial entdecken. Sie sind die „schlafende Mehrheit“ in den Gemeinden. Wenn sie sich richtig einsetzen lassen, dann kann viel geschehen.

Das alles ist Alexandra bewusst geworden, nachdem ihr eine unangenehme Frage gestellt wurde. Die Antwort darauf kam von Gott und sie hat viel verändert.

Wenn aus Bösem Gutes wird

Es gibt noch einige Leute, denen Elfie lieber nicht über den Weg laufen möchte. Aber wenn sie es genau überlegt, dann ist sie selbst denen dankbar. Ihr Leben hat sich um hundertachtzig Grad gewendet. Das war nicht freiwillig. Am Anfang stand eine üble Verleumdung. Es war vielleicht die schwerste Zeit ihres Lebens. Nie hatte sie damit gerechnet, dass gerade die Leute aus ihrer Gemeinde ihr solches Unrecht antun könnten. Auf diese Weise lernte Elfie, Menschen ganz neu zu sehen.

Heute erinnert sie sich, wie sie unter den Umständen fast zerbrochen wäre. Ihr Mann hatte sie, für viele völlig überraschend, verlassen. Damit hatte eine schwere Ehe nach Jahren ein jähes Ende gefunden. Elfie war froh darüber. Sie hatte nicht mehr gewusst, wie sie das alles noch länger hätte ertragen können. Eigentlich wollte sie auf jeden Fall an ihrer Ehe festhalten. Sie war Christin und wollte Gottes Wort halten. Da stand, dass man die Ehe nicht brechen soll. Also war sie jeden Morgen mit dem Vorsatz aufgestanden, ihrem Mann Bernd zu vergeben.

Über Jahre war es immer dasselbe gewesen: Jeden Morgen begann sie wieder ihre Aufgaben gewissenhaft zu erfüllen. Sie versorgte ihren Mann und die Tochter. Verdiente Geld mit einem Halbtagsjob. Sie bereitete die Mahlzeiten vor und rief Mann und Tochter pünktlich zu Tisch.

Bernd kam aber meistens nicht. Er lag im Bett und

schaute fern. Er war in psychiatrischer Behandlung. Nachdem alle seine Versuche, das große Geld zu verdienen, gescheitert waren, hatte er sich in seine Depression zurückgezogen. Elfie versuchte zu regeln, was er nicht mehr in Angriff nehmen wollte. Da gab es jede Menge Gläubiger, die ihr Geld forderten. Gelegentlich klingelte der Gerichtsvollzieher an der Tür. Zunächst konnte Elfie mit ihm reden. Er ließ sich vertrösten, sah er doch, dass aus dieser Wohnung wirklich nichts zu holen war. Elfie versprach ihm, sich zu melden, wenn ausstehende Rechnungen bezahlt wurden.

Als sie dann etwas Ordnung in Bernds Büro machen wollte, entdeckte sie überall blaue Briefe. Sie kamen vom Gericht. Die Gläubiger versuchten ihre Ansprüche auf gerichtlichem Weg durchzusetzen.

Bernd hatte die amtlichen Briefe angenommen, aber er hatte sie nicht einmal alle geöffnet. In Schubladen, unter der Schreibtischunterlage und unter Papierstapeln hatte er die Ankündigungen der Zwangsvollstreckung versteckt. Damit hatte er sich wohl selbst vorgemacht, dass die Forderungen nicht eingetrieben würden.

Da beschloss Elfie etwas zu unternehmen. Sie suchte einen Rechtsanwalt auf. Den brauchte Bernd sowieso, denn einige der Gläubiger hatten ihm mit einer Strafanzeige gedroht. Doch Bernd blieb bei seiner Verdrängungstaktik. Später wurde er wegen Untreue und Betrug verurteilt. Doch davon ahnte sie noch nichts. Als sie ihn ins Auto packte, um zum Anwalt zu fahren, stieg er zwar ein, aber er schimpfte ununterbrochen. „Du machst alles kaputt", warf er ihr vor. Die Anschuldigungen der Gläubiger seien alle haltlos. Einen Anwalt brauche er nicht. Um das zu bekräftigen, fasste er seine Frau gleich mal mit beiden Händen um den Hals und drückte zu. So wollte er ihr zeigen, dass er immer noch alles im Griff habe.

Elfie ließ sich nicht beirren und fuhr weiter. Sie war froh, als sie heil bei dem Anwalt ankamen. Der sortierte die Forderungen und setzte sich mit den Gläubigern in Verbindung. So kam wenigstens der Gerichtsvollzieher nicht mehr ins Haus. Bernd redete mit dem Rechtsanwalt so, als könnte er keiner Fliege etwas zuleide tun. Schuld waren natürlich die anderen.

Elfie wollte ihm jede Chance geben, sein Leben wieder in den Griff zu bekommen. Darum mischte sie sich nicht ein, auch wenn sie manches anders sah. Sie war froh, dass sie die Verantwortung für diese Dinge abgeben konnte.

Doch mit Bernd wurde es immer schlimmer. Er drohte immer wieder damit, sich das Leben zu nehmen. Elfie war hilflos. Was hätte sie tun sollen? Bernd kam in eine Klinik. Der Hausarzt erklärte Elfie, dass Suizidgefahr genauso ein dringender Grund zur Einlieferung war wie ein Herzinfarkt. Die Ärzte gaben sich alle Mühe. Schnell war klar, dass die Last der Vergangenheit Bernd den Lebensmut nahm.

Um alles zu regeln, wurde ein Betreuer beantragt. Elfie lehnte es ab, diese Aufgabe zu übernehmen. Sie wusste genau, dass sie es Bernd nie recht machen würde. Bernd ging es schlagartig besser, als er hörte, dass jemand für ihn alles regeln würde. Doch die Betreuungsbehörde entschied anders. Der Richter war der Auffassung, dass Bernd nicht so schwer erkrankt sei. Der Antrag auf Betreuung wurde abgelehnt. Bernd zog sich wieder in seine Depression zurück.

Er wurde entlassen und sollte Medikamente nehmen. Doch das wollte er nicht. Sobald er einige Zeit zu Hause war, setzte er die Medikamente ab. Er verweigerte sich jeglicher Tätigkeit. Wenn es ihm zu langweilig wurde, ging er in den nächsten Getränkemarkt. Dort fand er immer Gesellschaft von Männern, die keine Lust auf Arbeit, dafür aber viel Durst hatten.

Von solchen Ausflügen kehrte Bernd immer hoch aggressiv zurück. Er schimpfte auf alles und jeden und besonders auf Elfie. Wenn sie ihm widersprach, packte er sie und warf sie auf den Boden. Manchmal drohte er, sie umzubringen und auch die Tochter. Irgendwie musste er sich beweisen, dass er der Stärkere war.

Dieses „Spiel“ dauerte schon mehr als ein Jahr. Bernd wurde immer wieder einmal in die Klinik eingewiesen. Dort führte er sich bestens. Zu Hause machte er nichts oder Krawall. Als Bernd wieder einmal in der Klinik war, bestellten die Ärzte Elfie zum Gespräch. Sie wunderte sich. Bisher hatten die Ärzte immer gesagt, dass sie nicht hinter dem Rücken über ihre Patienten sprechen würden. Jetzt war sie allein bestellt.

Gleich zwei Ärzte waren da. Sie redeten nicht lange um den heißen Brei herum. „Wir haben uns viel Mühe gegeben, um herauszufinden, was Ihrem Mann fehlt. Er hat von allen möglichen psychischen Krankheiten etwas. Das kann aber gar nicht sein. Wir sind zu dem Ergebnis gekommen: Ihr Mann ist nicht krank. Das ist sein Charakter. Wir werden ihn als gesund entlassen."

Elfie traute ihren Ohren nicht. Wie sollte sie mit diesem Mann leben? Es gab nur noch Krach, und wenn Bernd sein Ziel nicht erreichte, dann war er der Kranke. Elfie war wütend auf die Ärzte. So jemanden konnte man doch nicht auf die Familie loslassen! Irgendeine Medizin oder Therapie musste es doch geben?!

Die Ärzte hatten nur *einen* Hinweis für sie: Sie sollte selbst eine Entscheidung treffen. Ohnmächtige Wut ergriff sie. Elfie wollte ihre Ehe unbedingt erhalten. Sie überredete Bernd dazu, eine Eheberatung aufzusuchen. Die Therapeutin gab sich alle Mühe, dem Ehepaar zu zeigen, wo noch Gemeinsamkeiten zu entdecken waren. Doch fast jedes Gespräch endete damit, dass Elfie vorgehalten wurde, dass sie zu viel arbeite und zu abgespannt sei.

Das stimmte ja. Doch was hätte sie anderes machen sollen? Die ganze Last der Familie lag auf ihren Schultern.

Irgendwann wurde es ihr zu bunt. Sie rief die Therapeutin an und erzählte ihr alle Not. Die nächste Gesprächsrunde verlief anders. Die Therapeutin fragte Bernd, was er tun wolle. Dann stellte sie ihn vor die Entscheidung: „Entweder, Sie stehen aus Ihrem Bett auf und suchen sich eine Arbeit, oder Sie ziehen aus."

Elfie hallten diese klaren Worte in den Ohren nach. So hätte sie es nie über die Lippen gebracht. Musste das wirklich so deutlich sein? Aber was hatte alles andere bis dahin gebracht?

Sie sah, wie sich das Gesicht von Bernd veränderte. Es wurde aschfahl und steinhart. Genauso hatte er ausgesehen, als sein bester Geschäftspartner ihn mit den Konsequenzen der Insolvenz konfrontiert hatte. Er hatte später alle Verbindungen zu diesem Mann abgebrochen, obwohl dieser ihm durchaus Hilfe angeboten hatte.

Wortlos fuhren sie nach Hause. Inzwischen war alles noch schlimmer geworden, weil die Raten für ihr Eigenheim nicht mehr beglichen werden konnten. Die Bank kündigte an, das Haus zu versteigern. Wieder verhandelte Elfie mit Bernds Rechtsanwalt.

Es fand sich jemand aus der Verwandtschaft, der das Haus ersteigerte. Alle dachten, dass sei für den armen, kranken Bernd das Beste. Doch der wurde noch schwieriger, sah er doch jetzt, dass seine Strategie, den Kopf in den Sand zu stecken, nicht funktionierte. Elfie wusste, dass sich etwas ändern musste. Aber was?

Weil Bernd nicht mehr arbeiten wollte, hatte er Rente beantragt. Krankengeld bekam er schon lange nicht mehr. Die Rentenkasse wollte ihn zu einer Reha-Kur schicken. Elfie versuchte mit ihm zu reden. „Du fährst zur Kur. Vielleicht hilft dir das ja. Danach hast du sicher einen klaren Kopf. Dann entscheidest du, was du tun willst. Wenn du dir eine Arbeit suchst, will ich alles tun, damit wir wieder auf die Beine kommen. Wenn du das nicht willst, dann zieh bitte aus und nimm die Verantwortung für dein Leben selbst in die Hand."

Doch Bernd zog schon vorher aus. Es war ein Mittwoch. Sie hatte ihre Tochter zum Kinderchor gebracht. Als sie zurückkamen, hatte Bernd das Auto seines Vaters mit seinen Sachen beladen und verkündete, dass es nun vorbei sei.

Nach dem ersten Schreck machte sich Erleichterung breit. Ein Bild aus den nächsten Tagen prägte sich bei Elfie ein: Sie saß wie so oft mit ihrer Tochter auf dem Sofa. Da sagte das Mädchen: „Geht es uns nicht gut!? Es ist Ruhe und Frieden im Haus." Das tat weh, aber es war richtig. Doch was sollte nun werden?

Elfie meinte zunächst, dass alles so weiterlaufen könnte wie gewohnt. Sie ging zur Arbeit und genoss die Ruhe, wenn sie zu Hause war. Bernd war gleich nach der Kur zu einer anderen Frau gezogen, die er aus der Psychiatrie kannte. Er brach jeglichen Kontakt zu Elfie und der Kleinen ab. Auch das war Elfie recht.

Doch dann kam das Unerwartete: Selbst ernannte Seelsorger aus der Gemeinde statteten Elfie einen Besuch ab. „Du musst Buße tun, damit deine Ehe wieder heil wird", sagte ihr jemand. Auch für die Tochter hatte er eine Mahnung bereit. Er las ihr einen Bibeltext vor, nach dem sich die Kinder den Eltern unterordnen sollen.

Was sollte das alles? Ihre Tochter war das liebste Kind, das sie sich vorstellen konnte. Sie hatte gute Noten und half, wo sie konnte. Die letzten Jahre waren für beide sehr schwer gewesen. Das Mädel hatte genug zurückgesteckt, ohne zu murren. Wem sollte sie sich unterordnen? Einem Vater, der sich zum Arbeiten zu schade war?

Nur mit Mühe konnte Elfie Haltung bewahren. Was wollte dieser „Seelsorger" von ihr? Mit welchem Recht machte er ihr diese Vorwürfe? Sie schickte ihn aus dem Haus. Ein paar Tage später kam seine Frau. Auch sie hatte Elfie nichts anderes zu sagen, als dass sie nun ihrem Mann nachlaufen müsse, um ihn zurückzuholen. Sie sei eine große Sünderin, weil sie nicht genug für ihre Ehe getan habe.

Damit nicht genug. Dieses Ehepaar verbreitete in der ganzen Gemeinde, Elfie habe Bernd um sein ganzes Geld gebracht. Nun sei er gegangen, weil sie nicht genug bekommen könne. Doch das wurde Elfie erst Jahre später klar. Zunächst verstand sie die Welt nicht mehr. Warum nur waren alle so komisch zu ihr? Im Gottesdienst saßen ihre Schwiegereltern auf dem Stammplatz: genau vier Reihen vor Elfie. Doch Bernd hatte ihnen verboten, mit Elfie zu sprechen, daran hielten sie sich. Auf diese Weise erfuhren sie wohl nie, was wirklich passiert war.

Elfie zweifelte an sich selbst. Hatte sie wirklich alles falsch gemacht? Sie dachte über die Anschuldigungen nach. Aber wegen ihrer finanziellen Schwierigkeiten fühlte sie sich wirklich nicht schuldig. Sie hatte doch über all die Jahre gar kein Geld für sich behalten. Bernd hatte alles verwaltet.

Trotzdem raubten tausend Fragen ihr den Schlaf. Der Hausarzt verschrieb ihr ein Schlafmittel. Sie nahm es nur, wenn es ihr ganz schlecht ging. Immer noch wollte sie wissen, was sie falsch gemacht hatte. Die Gerüchte, die über sie verbreitet wurden, verletzten sie zutiefst. Ausgerechnet in der Gemeinde! Sie hatte doch immer geglaubt, dass eine Gemeinde dafür da war, Halt zu geben. Nun wagte sie sich kaum mehr hinzugehen. War das, was sie viele Jahre mitgemacht hatte, nicht schon schlimm genug? Wem konnte sie trauen? Was wurde da alles über sie erzählt?

Manchmal glaubte sie, dass sie selbst nicht mehr ganz normal sei. Bis in ihre Arbeitsstelle wurden die Gerüchte getragen. Ihr Chef begann ebenfalls, ihr Vorwürfe zu machen. In sein tolles Team passe keine geschiedene Frau. „Eine alleinerziehende Frau ist eine Zumutung für den Arbeitgeber“, sagte er zu ihr! Diese Worte hörte Elfie aus dem Mund eines Mannes, der sich als vorbildlicher Christ empfand. Wieder zweifelte sie an sich und an allem.

Da sie sich beim Frauenfrühstück engagierte, kam sie mit einer Referentin ins Gespräch. Die gab ihr den Rat, in eine christliche Klinik zu gehen und eine Psychotherapie zu machen. Dort könne sie ihre Probleme von Grund auf angehen. In ihrer Not fand Elfie diesen Vorschlag gut. Der Hausarzt schrieb ihr die Einweisung. So war sie wenigstens erst mal von der Bildfläche verschwunden. Sie wollte einfach zur Ruhe kommen und wieder klare Gedanken fassen.

In der Klinik wurde Elfie gefragt, was sie mit der Therapie erreichen wolle. „Ich möchte wissen, was ich falsch gemacht habe, schließlich möchte ich die gleichen Fehler nicht noch einmal machen. Und ich möchte nicht hart und bitter werden über dem, was ich erlebt habe", so stellte sie sich dem Arzt vor.

Der meinte, da sei durchaus etwas zu erreichen. Es wurde keine leichte Zeit für Elfie. Zunächst schlief sie sich erst einmal aus. Dann musste sie sich mit sich selbst beschäftigen. Wer war sie eigentlich? Sie entdeckte, dass sie sich selbst vergessen hatte. Für alle hatte sie gesorgt, nur nicht für sich. Sie wog kaum noch fünfzig Kilo, als sie in die Klinik kam, war physisch und psychisch am Ende. Aber sie lernte, dass es keinen Zweck hatte, andere dafür verantwortlich zu machen. Sie selbst hatte über Jahre dieses Spiel mitgespielt. Nie war sie auf die Idee gekommen auszusteigen. Damit hatte sie ihrem Bernd alle Möglichkeiten gelassen, zu schalten und zu walten, wie er wollte. Er war bei ihr mit dem Spruch durchgekommen: „Du bist ja Christin, du musst mir vergeben."

Elfie begriff, dass Gott das mit der Vergebung anders meinte. Sie weinte bittere Tränen, erkannte sie doch, dass sie selbst ihren Anteil an dieser ganzen Geschichte hatte. Denn sie hatte Bernd nicht die Grenzen gezeigt. Sie weinte über den Verlust ihrer Ehe. Noch immer hatte sie tausend Fragen, wie es weitergehen sollte, wenn sie nach Hause kam.

Eine Sache machte ihr besonders zu schaffen. Sie hatte immer geglaubt, dass es nicht reichte, die Vergebung Gottes für sich in Anspruch zu nehmen. Man musste auch selbst vergeben, um wirklich frei zu sein. Nun musste sie zunächst lernen, dass Vergebung nicht dazu dienen darf, dass Fehler beibehalten werden. Es gibt Dinge, die sich nicht wiederholen dürfen. Aber wie sollte sie mit den Menschen umgehen, die diese schrecklichen Gerüchte über sie verbreitet hatten? Die hatten ja wirklich ihre Existenz gefährdet. Sollte sie denen einfach vergeben?

Ihr Wunsch war es, ehrlich zu bleiben, das bedeutete aber, dass sie diesen Leuten gegenüber nicht einfach so tun konnte, als ob alles in Ordnung wäre. Sie war bereit zu vergeben. Aber die Schmerzen und die Folgen dieser Verleumdungen waren zu groß. Gottes Wille konnte es doch nicht sein, dass sie unehrlich war.

Zunächst einmal erlebte Elfie, dass Gott sie nicht vergessen hatte. Sie trennte sich von ihrem Arbeitgeber, obwohl sie erst einmal nicht wusste, wie es beruflich weitergehen sollte. Aber sie war genau drei Tage arbeitslos, da bekam sie die Zusage für eine neue Stelle. Es war eine Arbeit, von der sie immer geträumt hatte. Sie verdiente zwar wieder nicht viel Geld, doch bis heute ist sie glücklich über diese Aufgabe.

Außerdem wechselte sie die Gemeinde. Im Nachbarort wurde sie freundlich aufgenommen. Sie fand neue Freunde. Die Frauen vom dortigen Frauenfrühstück nahmen sie lange und fest in den Arm. Sie spürte ihr Mitgefühl.

Doch wie sollte sie mit denen umgehen, die sie so verletzt hatten? Bernd konnte sie schnell vergeben. Der war wirklich nicht ganz richtig im Kopf. Da war Elfie nur froh, dass sie all diese Sorgen nicht mehr hatte. Aber ihre frühere Gemeinde, ihr Chef und alle anderen, die ihr Unrecht getan hatten?

Sollte sie so tun, als ob alles nicht schlimm gewesen wäre? Es war aber doch so furchtbar. Sie wollte diesen Leuten vergeben, doch sie wollte kein frommes Mäntelchen über all das decken. Sie betete, hatte sie doch begriffen, dass Gott ihr ins Herz schaute. Ihm konnte sie nichts vormachen. Darum bat sie Gott auch, ihr zu zeigen, worauf es ankam.

Es dauerte lange. Dann bekam sie wie durch einen Zufall die Möglichkeit, ihrem früheren Gemeindeleiter einen Gefallen zu tun. Sie zögerte nicht. Der Mann war erfreut. Er lud sie zu einer Tasse Kaffee und Kuchen ein. Elfie ging mit ihrer Tochter hin. Mit ein paar Monaten Abstand war es möglich, die Dinge ohne Emotionen zu besprechen. Elfie sagte, wie sehr sie sich verletzt fühlte. Der Gemeindeleiter erläuterte seine damalige Sicht der Dinge. Inzwischen war ihm klar geworden, dass das wohl nicht so ganz richtig gewesen war.

Es wurde ein gutes Gespräch. Beide Seiten baten einander um Verzeihung. Es flossen auch ein paar Tränen. Zum Abschied nahmen sie sich in den Arm. Elfie kehrte nicht in die Gemeinde zurück. Aber sie konnten sich wieder in die Augen sehen. Da war tatsächlich Vergebung gewachsen, ein Geschenk Gottes.

Ein andermal ließ Gott sie in die Gesichter eines alten Ehepaares schauen. Diese Leute waren ihre Vorbilder gewesen. Dann hatten sie diese schreckliche Verleumdung mit in Gang gesetzt. Was sah Elfie in ihren Gesichtern? Sie waren hart wie Stein, kaum ein Lächeln, nichts Weiches, nichts Warmes. „So wäre ich auch geworden“, durchzuckte es Elfie. Wie gut, dass Gott sie aus dieser Bahn herausgerissen hatte! So wurde es ihr leicht, diesen Menschen zu vergeben.

„Es ist mir noch nicht bei allen gelungen, so zu vergeben“, sagt sie nachdenklich. Von der Vernunft her habe sie vergeben, aber „mein Herz schreit noch aua“, sagt sie, wenn sie an bestimmte Personen denkt. Doch die Versöhnung, die sie erlebt hat, ist ein Schatz, den sie nicht mehr missen möchte. Sie möchte nicht zurück in ihr altes Leben. Darum müsste sie sich eigentlich bei all denen bedanken, die sie durch ihre bösen Worte aus der Bahn geworfen hatten. Das Leben, das sie jetzt führt, empfindet sie als viel besser als alles, was vorher war. „Wie gut hat Gott es doch mit mir gemeint“, kann sie heute sagen.

Die Anteilnahme der Frauen vom Frauenfrühstück, das Eingreifen Gottes bei der Arbeitssuche und viele kleine Erlebnisse – das alles hat sie verändert. Sie hat gelernt, was wesentlich ist. Nie wieder will sie versuchen, allen alles recht zu machen. Aber sie möchte Gottes große Liebe weitergeben.

Elfie hat nicht wieder geheiratet. „Noch nicht“, sagt sie, denn sie hat den Glauben nicht verloren, dass Gott ihr noch viel Gutes schenken will. Jetzt ist sie erst mal froh, dass sie genug Geld hat, um den Rest der Schulden abzuzahlen, die sie von ihrem Mann übernommen hat.

Immer wieder trifft sie Frauen, die voller Zweifel und Fragen an sich selbst sind. Sie wenden sich an Elfie, denn sie wissen, dass diese Frau gut zuhören kann. In ihrer neuen Gemeinde hat sie verschiedene Aufgaben übernommen. Sie predigt manchmal im Gottesdienst und leitet ein Seelsorgeteam. Was Seelsorge alles kaputt machen kann, hat sie am eigenen Leib erfahren. Kein Wunder, dass die Frauen sich ihr gerne anvertrauen. Sie weiß, wie sehr Worte verletzen können, und sie weiß, dass Gott es ist, der aus der Dunkelheit herausführt. Darum ist sie dankbar, sogar für Menschen, die ihr Böses wollten.

Das Expresspaket

Brigitte Stabe nennt sich selbst eine eher ängstliche Frau, die sich viele Sorgen macht. Hinterher ist sie immer beschämt. Denn sie hat so oft erfahren, dass Gott ihre Sorgen in gute Erfahrungen umwandelte.

Schon als Kind erlebte sie das. Sie wurde 1938 in Berlin als eines von sechs Kindern geboren. Die Kriegszeit bestimmte ihre Kindheitserinnerungen. Ihr Vater war im Krieg und ihre Mutter musste zusehen, wie sie mit den Kindern über die Runden kam. Nach dem Krieg gab es in der Stadt kaum Lebensmittel. Die Mutter ging hamstern. So nannte man das, wenn die Leute aus der Stadt zu den Bauern aufs Land fuhren, um Lebensmittel zu besorgen. Alles, was die Familie entbehren konnte, nahm die Mutter mit, um es gegen Essbares einzutauschen.

Einmal war es ganz schlimm. Der Vater war noch in Gefangenschaft. Die Mutter sagte: „Ich habe heute nichts zu essen." Die Kinder waren damals zwischen zwei und vierzehn Jahre alt. Sie versammelten sich um den leeren Tisch. Brigitte wird das nie vergessen. „Kommt, wir beten", sagte ihre Mutter.

Mitten im Gebet klopfte es an die Tür. Nach dem Amen sprang der Älteste auf. Er öffnete die Tür, doch da war niemand. Aber davor stand ein Korb mit Kartoffeln und Gemüse für eine Suppe. Nun konnte der Tisch doch noch gedeckt werden.

Solche Erfahrungen haben Brigitte geprägt. Immer

wieder hat sie erlebt, wie sie von der Sorge zu großen Erlebnissen mit Gott geführt wurde. 1947 zog die Familie nach Zittau. Der Vater war aus der Kriegsgefangenschaft zurückgekommen und wurde Prediger in der Oberlausitz. In Zittau lernte Brigitte ihre große Liebe kennen. „Eigentlich kennen wir uns aus dem Sandkasten", sagt sie lächelnd, wenn man sie nach ihrem Mann fragt.

Sie war neun Jahre alt, als sie dorthin kam. In den Kinderstunden der Landeskirchlichen Gemeinschaft und im Jugendkreis hielt man zusammen und verbrachte viel Zeit miteinander. Die Aktivitäten des Jugendkreises gehören zu ihren schönen Erinnerungen an die Jugendzeit. Man las gemeinsam in der Bibel und diskutierte. Jedes Jahr übten sie ein großes Verkündigungsspiel ein. Zu Silvester wurde es in der Gemeinde in Zittau aufgeführt, im folgenden Jahr in den Nachbargemeinden. Einmal spielte Brigitte die Hauptrolle. Oft war sie als Souffleuse unentbehrlich, und auch für die Beleuchtung wurde sie eingesetzt.

Besonders aufregend war es, wenn die Jugendlichen zum Nachtrodeln ins Gebirge aufbrachen. Im Dunkeln mit Schwung den Berg hinunter, das machte Spaß! In diesem aktiven Jugendkreis fanden sich etliche Paare, so auch Brigitte und Jürgen. 1952 beendete Brigitte die Schule und machte eine Ausbildung zur Verkäuferin in West-Berlin. Einen Abschluss bekam sie nicht, weil sie aus dem Osten kam. Sie arbeitete einige Jahre als Verkäuferin in Zittau. Die Liebe musste zunächst warten.

Jürgen arbeitete nach seinem Studium in der Landwirtschaft. Damals wurden in der DDR gerade die Landwirtschaftlichen Produktionsgenossenschaften (LPG) gegründet. Die Bauern mussten ihre Höfe einbringen. Jürgen konnte vieles nicht verantworten. In dieser Zeit erreichte ihn Gottes Ruf in den Dienst für Gott. Das konnte Brigitte gut mittragen. Jürgen entschied sich für ein theologisches Studium am Missionshaus in Leipzig. Er wurde unter der Bedingung aufgenommen, dass er in diesen sechs Jahren nicht heiratete. Seine Verlobte Brigitte versprach, auf ihn zu warten. Um ihren späteren Mann gut zur Seite stehen zu können, machte sie in dieser Zeit eine Ausbildung zur Gemeindehelferin.

Ein Jahr lang arbeitete sie als Katechetin in Brandenburg. Dann war Jürgen mit dem Studium so weit, dass endlich die Hochzeit gefeiert werden konnte. Brigitte zog zu ihrem Mann nach Leipzig. Die Wohnung war eng, aber sie waren zusammen. Ihre erste Tochter wurde geboren. Nach einem Jahr bekam Jürgen seine erste Pfarrstelle in einem kleinen Ort im Norden Sachsens.

Die Jahre dort in Streumen waren in gleichem Maße schön und anstrengend. Die junge Familie zog in ein uraltes Fachwerkhaus auf einem riesigen Gelände mit Garten, Wiesen, Stallungen und Heuboden. Es war ein Paradies, erinnert sich Brigitte.

In diesem Paradies gab es viele, fast zu viele Aufgaben für den jungen Pfarrer und seine Frau. Aber Brigitte erfuhr hier wieder, wie Gott aus ihren Sorgen gute Erfahrungen machte. Um versichert zu sein und später eine Rente zu bekommen, sollte die Pfarrfrau wenigstens für

75 Mark in der Gemeinde beschäftigt sein. Für dieses Geld machte Brigitte nicht nur die Kirche und den Gemeinderaum sauber. Sie sammelte die Kinder zur Christenlehre, den kirchlichen Religionsunterricht. Zunächst fand das im Pfarrhaus statt, später musste Brigitte dafür mit dem Fahrrad in die Schule fahren.

Brigitte brachte in dieser Zeit noch zwei Töchter zur Welt. Damit nicht genug: Zum Pfarrhaus gehörten ein riesiger Garten und über zweihundert Obstbäume. Es gab Hühner, Kaninchen, Schafe und Gänse. Das half, mit dem geringen Gehalt zurechtzukommen und dennoch ein offenes Haus mit vielen Gästen zu haben. Deshalb waren Brigitte und ihr Mann trotz der vielen Arbeit sehr dankbar dafür.

Als die Kinder klein waren, litt Brigitte oft unter Migräne. Einmal ging es ihr so schlecht, dass sie nicht wusste, wie sie die Christenlehre mit einer Gruppe quicklebendiger Kinder über die Runden bringen sollte. Trotzdem schwang sie sich aufs Fahrrad und fuhr in den Nachbarort. Dort holte sie die Kinder ab und ging mit ihnen in den Gemeinderaum. Mit Beginn der Kinderstunde war die Migräne wie weggeblasen. Erst als Brigitte nach Hause kam, waren die Schmerzen wieder da. Nun konnte sie sich aber in Ruhe erholen. Für Brigitte waren das alles Zeichen der Fürsorge Gottes, der aus ihren Sorgen Gutes machte.

Eindrücklich erinnert sich Brigitte auch daran, wie spannend es war, als eine der Dorfkirchen restauriert wurde. Brigitte machte sich viele Sorgen. Zur Kirchweih im November sollte die Kirche neu eingeweiht werden. Für den Altar hatten sie bei einer Erfurter Firma ein neues Kruzifix, Altarleuchter und Paramente bestellt. „Was machen wir, wenn die Sachen bis zum Fest nicht kommen?“, hatte sie sorgenvoll gefragt. Kirchweih ohne Kruzifix und Altarleuchter – das ging doch nicht.

Jürgen versuchte sie zu trösten. „Sorg dich nicht“, sagte er. Aber das ersehnte Paket aus Erfurt kam nicht. Es war schon der Freitag vor dem Kirchweihfest. Am Samstag wurde keine Post mehr ausgetragen. Nichts war angekommen. Was sollte werden?

Am Samstagnachmittag klingelte das Telefon. Der Bahnhof im Nachbarort meldete sich. Eine Expresssendung sei angekommen. In einer halben Stunde wollten die Eisenbahner schließen. Bis dahin konnte Jürgen die Sendung noch abholen. Er machte sich mit dem Handwagen auf den Weg und brachte buchstäblich in letzter Minute den ersehnten Altarschmuck. „Siehst du“, meinte Jürgen, „du hast dich wieder umsonst gesorgt.“ Brigitte legte die Erfahrung in ihrer Schatzkiste der guten Erfahrungen mit Gott ab.

Gute Erinnerungen hat Brigitte auch an den Zusammenhalt in der kleinen Landgemeinde. Man kannte sich. Die Gottesdienste waren einfach, manchmal sogar ohne Orgelbegleitung. Aber das gemeinsame Singen, Beten und Hören auf Gottes Wort schweißte zusammen. Im Pfarrgarten wurden viele Feste gefeiert. Es gab Gemeindefeste, Kinderfeste, Weihnachtsfeiern und ein Rosenfest für die Senioren. Die alten Menschen, die nicht mehr in die Gemeinde kommen konnten, wurden einmal im Jahr abgeholt und im Pfarrgarten köstlich bewirtet. Da wurde geredet und Gottesdienst gefeiert, und am Schluss bekam jeder eine Rose aus dem Pfarrgarten mit nach Hause.

Wichtig war den Pfarrersleuten, dass sie jeden im Dorf grüßten, den Parteisekretär genauso wie die treuen Gemeindeglieder. Das irritierte diejenigen, die sich der DDR verpflichtet sahen und mit der Kirche nichts zu tun haben wollten.

Es gab noch eine Aufgabe für Brigitte, die sie viel Zeit kostete, aber kaum wahrgenommen wurde: Sie kassierte die Kirchensteuer. In der DDR war die Kirche selbst dafür zuständig, sie einzusammeln. Brigittes Aufgabe war es, die Kirchensteuerbescheide persönlich in die Häuser zu tragen. Meistens bekam sie das Geld dann gleich ausgezahlt. Sechs Dörfer gehörten zum Kirchspiel Streumen. Brigitte verwaltete am Ende der Zeit die Kirchkasse für alle. Was das bedeutete, merkte die Gemeinde erst, als sie weggingen. 1978 wurde Jürgen als Superintendent nach Annaberg berufen. Es war ein schwerer Abschied von der geliebten Landgemeinde.

Auch am neuen Dienstort wartete jede Menge Arbeit auf Brigitte. Jetzt waren es tausend Kirchensteuerscheine, die ausgetragen werden mussten. So kam Brigitte in viele Häuser. Die Rentner erwarteten sie oft schon. Auf diese Weise bekam sie schnell guten Kontakt im neuen Arbeitsbereich. Bei Wind und Wetter stapfte sie von Haus zu Haus. Die Berufstätigen konnte sie erst nach der Arbeit erreichen. Mit der Wende endete diese Aufgabe. Die

Kirchensteuer wurde jetzt vom Staat eingezogen und noch etwas hatte sich verändert: Von da an waren die Haustüren abgeschlossen und es war schwer, in die Häuser zu kommen.

Gott hatte aber eine neue Aufgabe für Brigitte. Das Pfarrhaus stand gegenüber der bekannten Sankt Annen-Kirche. Sie ist die größte spätgotische Hallenkirche in Sachsen und beherbergt viele Kunstwerke. Immer wieder klingelten die Leute und baten, die Kirche für eine Besichtigung aufzuschließen. „Ich kann ja mal rübergehen", dachte sich Brigitte. Aber der Besucherstrom riss nicht ab. Deshalb wurden regelmäßige Öffnungszeiten eingeführt. Inzwischen gibt es eine ganze Mannschaft von Kirchenführern.

Brigitte entdeckte bald, dass die Kunstwerke auf ihre Art predigten. Fast dreißig Jahre lang führte sie Menschen durch ihre Kirche und erzählte ihnen auf diese Weise von Gott und von seiner Liebe zu den Menschen. Eine Tür zeigt das Bild eines Pelikans, der seine Jungen füttert. Er gibt sein Blut und stirbt für seine Kinder. Darunter findet man den gekreuzigten Christus. „So ist Gott, seine Liebe gilt mir und Ihnen. Das wünsche ich Ihnen", konnte sie den Besuchern aus tiefster Überzeugung sagen. Kein Wunder, dass einmal ein Gruppenleiter nach der Führung durch die Kirche sagte: „Amen. Wir brauchen heute keine Andacht mehr. Die haben wir jetzt schon gehört." Es war ein katholischer Pfarrer, der mit seiner Gemeinde einen Ausflug machte.

Am liebsten führte Brigitte Kindergruppen oder Blinde

durch die Kirche. Die durften dann vieles betasten und auf diese Weise erkunden. Eigentlich wollte sie bis zum dreißigsten Jahr diese Aufgabe wahrnehmen. Dann hörte sie doch früher auf. Bald wusste sie, warum. Im Ruhestand wurde Jürgen krank. Er hatte einen Schlaganfall. Es war Gottes gute Führung, dass Brigitte zu Hause war und umgehend einen Arzt rufen konnte. Das passierte genau zu der Zeit, in der sie vorher regelmäßig in der Kirche gewesen war. Wie gut, dass Gott vorgesorgt hatte!

Vor einigen Jahren kam Brigitte in eine Situation, die wirklich beängstigend war. Sie hatte Brustkrebs. Innerhalb von zwei Wochen kam sie ins Krankenhaus und wurde operiert. Der Knoten war schon 2,5 Zentimeter groß. Auch die Lymphknoten waren betroffen. Die Ärztin, die Familie, alle machten sich große Sorgen. Nur Brigitte nicht. „Ich war wie in einer Glocke drin. Gott hat mich bewahrt. Diese Erfahrung habe ich während der Operation und danach gemacht", sagt sie im dankbaren Rückblick. Die folgende Chemotherapie hat sie nicht in so guter Erinnerung. Aber im Krankenhaus fühlte sie sich ganz und gar bei Gott geborgen.

Nach der Operation sollte sie zwei neue Frauen ins Zimmer bekommen. Sie fragte sich, wie das wohl werden würde. Auf engstem Raum war es wichtig, dass man gut miteinander klarkam. Eine neue Frau trat ins Zimmer. Sie packte ein kleines blaues Büchlein aus und dazu noch ein dickes Buch. Die nächste Frau kam. Auch sie holte aus ihrer Tasche ein kleines blaues Büchlein. Da waren drei Frauen in einem Zimmer zusammen, die es gewohnt waren, den Tag mit dem Losungsbuch zu beginnen und in der Bibel zu lesen!

Jeden Tag, wenn die Schwestern ihre Aufgaben erfüllt hatten, sagten die Frauen: „So, jetzt lesen wir und beten.“ Mitten in der Krankheitszeit hielten diese Frauen ihre Morgenandacht. Der Glaube an Gott führte sie zusammen.

Wenn Brigitte von ihrem Leben erzählt, könnte man meinen, es habe keine Rolle gespielt, dass sie in der DDR gelebt hat. Die Einschränkungen durch den sozialistischen Staat sind für sie kein Thema. „Wir wussten, wo wir leben. Jesus sagt: ‚Haben sie mich verfolgt, werden sie euch auch verfolgen.‘ Wir haben uns immer klar zu unserem Glauben bekannt und gesagt, was wir machen und was wir nicht mitmachen“, schildert sie ihre Einstellung.

Ihr Mann hat sich oft für Menschen eingesetzt, die benachteiligt wurden. Für seine eigenen Belange tat er es nicht. Auch nicht, als die eigene Tochter benachteiligt wurde. Sie hatte ihren Schulabschluss mit sehr guten Noten erreicht. Auf dem Zeugnis hätte sogar „ausgezeichnet“ stehen können. Doch sie wurde nicht in dem Fach geprüft, dessen Note dafür gebraucht wurde. Bei der Abschlussfeier bekamen die besten Schüler Blumen und Geschenke. Nur Carola nicht, obwohl sie eines der besten Zeugnisse hatte.

Für Brigitte ist das nur ein kleiner Nadelstich. Sie ist froh, dass ihre Familie den Weg immer geradlinig gegangen ist. Mit einem Schmunzeln erinnert sie sich, dass Gott auch in diesem Staat sein Werk hatte. Ganz besonders deutlich wurde das, als in Annaberg ein großer Jugendtag ausgerichtet wurde.

Dreitausend junge Leute wurden erwartet. Das musste beantragt werden. Für das, was innerhalb der Kirche passierte, gab es kaum Vorschriften. Aber wie sollten so viele Menschen versorgt werden? Gott brachte es tatsächlich zustande, dass am Ende die staatliche Jugendorganisation FDJ die Essenspakete zusammenstellte! Diese Erinnerung ist noch so ein Schatz aus den Erfahrungen mit einem großen Gott.

Bis in die Mühen des Alters hinein kann Brigitte sagen, was sie und ihren Mann über die Jahre getragen hat: „Paulus schreibt: ‚Lass dir an meiner Gnade genügen, denn Gottes Kraft ist in den Schwachen mächtig.'"

Gott in Luxemburg

Viki ist eine Frau, die immer eine Aufgabe haben muss, etwas, wofür sie sich einsetzt. Sie war von Beruf Lehrerin in der Grundschule. Dort arbeitete sie gerne mit den Kindern und die Kinder mochten sie. Die Beziehung funktionierte gut. Dennoch war sie nicht recht zufrieden. Sie dachte sich: „Es muss in meinem Leben noch etwas anderes geben." Aber sie hatte keine Ahnung, was das sein sollte.

Obwohl die Grundschule in Luxemburg damals noch von der ersten bis zur neunten Klasse ging, arbeitete sie vornehmlich mit den kleinen Klassen. Aber immer nur das ABC und dann wieder von vorne anfangen, das konnte irgendwie nicht alles sein. Sie sprach mit ihrem Mann darüber. Marcel machte ihr keine Vorschriften. Aber miteinander konnten sie sich ausrechnen, dass es eine schlechte Zeit für einen Wechsel war. Sie hatten gerade erst ein schönes großes Haus gekauft und brauchten jeden Cent, um den Kredit abzuzahlen. Doch für Viki wurde der Druck so stark, dass sie einfach nicht anders konnte. „Ich höre auf", tat sie in der Schule kund.

In dieser Zeit bekam sie oft Besuch von einer früheren Schülerin. Nancy brachte ihrer Lehrerin manchmal einen Salat und ein andermal einen Kuchen mit. Dann saßen Lehrerin und Schülerin gemütlich bei einer Tasse Kaffee zusammen. Beide genossen diese Stunden. Einmal unterhielten sie sich über die Kirche. In Luxemburg gehören die meisten Menschen der katholischen Kirche an. Auch Vikis Familie war dort eingetragen. Aber das berührte das Familienleben nicht. Vikis Sohn hätte zur Erstkommunion gehen sollen. Doch die Distanz zur Kirche war so groß, dass sie nicht daran dachten.

Nancy war enttäuscht, als sie hörte, dass ihre Lieblingslehrerin nicht in die Kirche ging. Da fasste sie sich ein Herz und sagte: „Kommen Sie doch mit mir mit. Ich gehe immer zu einem Gebetstreffen. Das wird Ihnen sicher gefallen."

Vikis Interesse an dem Treffen war nicht groß. Aber nun hatte sie endlich eine Gelegenheit, um sich für Nancys kleine Geschenke zu revanchieren. Sie dachte: „Nancy wird sicher stolz sein, wenn sie mich mitbringt zu diesem Treffen. Und ich kann ihr einen Ausgleich für alle Liebe bieten. Was kann mir dort schon passieren?" Viki ahnte nicht im Geringsten, dass es sich dabei um einen geistlichen Aufbruch in der katholischen Kirche handelte. Sie begleitete Nancy.

Zunächst fand sie da eine bunt zusammengewürfelte Gruppe von Menschen. Was dann passierte, kann sie sich bis heute nicht erklären. Als die Tür aufging und der Priester den Raum betrat, begann sie zu weinen, vom ersten Augenblick bis zum letzten. Die Tränen rannen ihr nur so über das Gesicht. Es war Sommer. Sie trug einen hellen Baumwollrock. Die Tränen machten dicke dunkle Flecke auf dem Rock. Es hatte keinen Zweck, mit dem Taschentuch zu wischen. Alles wurde nass und Viki überlegte, wie sie die Tränenflecken verbergen könnte. Niemand sollte erfahren, wie es ihr erging.

An die Predigt des Priesters und die Gebete kann sie sich nicht mehr erinnern. Jeden Samstag fand in der Kirche ein Gottesdienst statt. Viki war sich sicher: Da musste sie hin. Ein bisher ungekanntes Verlangen hatte sie ergriffen. Marcel staunte, sagte aber nur: „Wenn du denkst, dann geh halt hin." Jeden Samstag und jeden Donnerstag war Viki fortan in der Kirche zu finden.

Bei einem der Treffen sagte der Priester: „Es ist jemand im Raum, der sein Leben Jesus geben möchte."

„Diese Worte trafen mich wie ein Feuer", erinnert sich Viki. Nichts konnte sie aufhalten, auf direktem Weg zog es sie nach vorn. Sie fiel vor dem Altar auf die Knie und weinte. Dann spürte sie, wie mehrere Menschen die Hände auf sie legten und für sie beteten. Für Viki war es eine einschneidende Veränderung. Nun gehörte sie zu Jesus Christus. Sie konnte nicht beten, höchstens so ein klassisches Gebet wie das Vaterunser, das konnte sie hersagen. Viele Jahre war sie nicht in die Kirche gegangen. In ihrem Kopf kreiste nur ein Gedanke: „Herr, lass mich nicht lange allein auf diesem Weg. Ich habe eine Familie zu Hause."

Ihre Familie ahnte nichts von dieser Entscheidung. Sie sprach mit niemandem darüber. „Mama, darf ich mitkommen?", fragte ihr Sohn, und bald darauf auch die Tochter. Da waren sie schon zu dritt. Als die Ferienzeit heranrückte, meinte Marcel: „Ich habe gedacht, wir fahren am Donnerstag in Urlaub." Viki widersprach:

„Könnten wir nicht erst am Freitag fahren? Ich gehe donnerstags immer so gerne zu diesem Gebetstreffen."

Marcel ließ sich darauf ein und verschob die Abreise auf den Freitag. Am Abend machte sich Viki oben im Schlafzimmer fertig, um zu ihrem Treffen zu gehen. Da ertönte Marcels Stimme von unten: „Dauert es noch lange? Ich warte schon." Viki traute ihren Ohren nicht, als ihr Mann erklärte, dass er mitgehen wollte.

Am selben Abend entschied sich auch Marcel für ein Leben mit Jesus. Auch er erinnert sich gut an jene Zeit. „Meine Frau hatte mir nie etwas erzählt. Männer sind sehr stolz. Sie möchten sich nichts predigen lassen. Aber sie hatte sich innerhalb kurzer Zeit so positiv verändert. Da war etwas, was sie vorher nicht hatte. Bis dahin hatten wir immer irgendwelchen Dingen nachgeeifert und waren oft enttäuscht worden. Jetzt spürte ich bei meiner Frau einen inneren Frieden, eine Zufriedenheit. Da musste etwas dran sein, an diesem Glauben", erzählt er bereitwillig. Wichtig war ihm, dass Viki ihn nicht von ihrem neuen Weg überzeugen wollte. Nicht Worte, sondern ihr Leben hatte ihn überzeugt.

Das Leben der Familie veränderte sich. Fortan lasen sie miteinander in der Bibel und staunten, wie dieses alte Buch in ihren Alltag hineinredete. Leider kamen sie mit ihrer Kirche nicht so gut zurecht. Sie traten aus und suchten eine andere Gemeinde. Gemeinsam eröffneten Viki und Marcel einen christlichen Buchladen. Diese Literatur, die klar von Jesus erzählte und zu einem lebendigen Glauben einlud, musste unter die Leute gebracht werden. Marcel wurde schon bald Pastor einer kleinen evangelischen Freikirche.

Viki arbeitete nach Kräften mit. Aber sie hatte mehr vor. Sie hatte das Gefühl, dass sie etwas von ihrer Zeit verschenken sollte. Sie wollte Gott nicht nur den zehnten Teil ihres Geldes, sondern auch den Zehnten von ihrer Zeit geben. Ihr Glaube sollte in ihrer Umgebung sichtbar werden. Sie war überzeugt, dass das am besten durch ein konkretes ehrenamtliches Engagement möglich war.

Nachdem sie jahrelang mit Kindern gearbeitet hatte, entdeckte sie nun ihr Herz für alte Menschen. Immer wieder ging sie in ein Seniorenheim. Wie dankbar nahmen die alten Menschen ihre Besuche an. Sie freuten sich, wenn ihnen jemand zuhörte. Manchmal brauchten sie jemand, der mit ihnen in den Park ging oder einfach nur Mensch-ärgere-dich-nicht spielte. Viki entdeckte hier ihre Aufgabe. So wie sie Gottes Liebe für sich spürte, so konnte sie diesen Menschen etwas von Gottes Liebe weitergeben.

Sie meldete sich bei der Leitung des Hauses und bot einen regelmäßigen Besuchsdienst an. Die Heimleitung nahm dieses Angebot dankend an. Man legte Viki nahe, ihren Dienst im Rahmen einer bestimmten Organisation auszuüben, unter anderem aus versicherungsrechtlichen Gründen. Viki rief bei einem Verein an. Auch dort freute man sich über ihr Engagement. Die Vorsitzende sagte allerdings, sie sei nicht allein berechtigt, Mitglieder aufzunehmen. Viki füllte einen Antrag aus, um sich offiziell zu bewerben. Ausführlich beantwortete sie alle Fragen. „Ich habe viel Freizeit, die ich sinnvoll einsetzen möchte. Außerdem ist mir zu Ohren gekommen, dass Not an ehrenamtlichen Mitarbeitern ist, was mich umso mehr in meinem Entschluss bestärkt hat", schrieb sie. Sie wolle sich an die Vorgaben der Organisation halten und alles tun, um „unseren Mitmenschen den Aufenthalt im Altenheim durch Besuche so angenehm wie möglich zu machen". Geduld, Zuhörenkönnen, Mitgefühl, Verständnis und Nächstenliebe wollte sie einbringen. Ein Vorstellungsgespräch wurde vereinbart.

Drei Frauen erwarteten die Bewerberin. Das Gespräch verlief ganz normal, bis Viki erwähnte, dass ihr Mann evangelischer Pastor sei und sie selbst auch nicht zur katholischen Kirche gehöre. Da wendete sich das Blatt. Plötzlich suchten die Damen nach Argumenten, um Viki den Besuchsdienst auszureden. Das sei doch alles gar nicht das Richtige für sie. Als Viki nicht darauf einging, nahm das Gespräch ein schnelles Ende. „Wir können jetzt nicht spontan entscheiden. Wir werden Sie schnellstens über den Vorstandsbeschluss informieren", sagte man ihr.

Als Viki am Abend nach Hause kam, wusste der Anrufbeantworter schon die Antwort: der Verein und Viki, das sei „nicht die ideale Kombination". Das wollte Viki nicht so stehen lassen. Sie rief wieder an und wollte den Grund der Ablehnung wissen. Am anderen Ende der Telefonleitung druckste die Vereinsvorsitzende herum. Da sagte Viki frei heraus, was sie dachte: „Es ist, weil ich nicht katholisch bin!" Ja, gestand die Dame am Telefon, man befürchte, dass Vikis „evangelistischer Eifer" zu sehr zum Tragen käme.

Da musste Viki erst mal tief durchatmen. Sie suchte nach sachlichen Argumenten. Die gab es reichlich. Im Faltblatt des Vereins stand, dass man „unabhängig von jeglicher religiösen Einstellung" arbeiten wolle. Wenigstens eine dreimonatige Probezeit solle man ihr doch gewähren. Außerdem bekam so ein gemeinnütziger Verein auch Gelder vom Staat und damit auch von ihr, der evangelischen Bürgerin. Jemand aus Gründen der Religionszugehörigkeit auszuschließen, verstieß gegen die europäische Anti-Diskriminationsrichtlinie. Die Vereinsvorsitzende wollte diese Argumente aber nicht gelten lassen, der Vorstand habe nun mal so entschieden.

Als Viki dem Altenheim das mitteilte, war man betroffen. Man wollte Viki gerne einsetzen, aber ohne die Vereinszugehörigkeit ging es nicht. Was sollte nun geschehen? Viki wollte nicht aufgeben. Sie wandte sich an die Familienministerin. Eine Organisation, die mit staatlichen Mitteln unterstützt werde, müsse sich doch an die europäische Gesetzgebung halten, schrieb sie. Die Ministerin möge sich dafür verwenden, dass Viki ihr sozialer, unentgeltlicher Dienst an alten und alleinstehenden Menschen erlaubt werde. Neben den religiösen Gründen gab es kein Argument, warum Viki nicht vollwertiges Mitglied des Vereins werden sollte.

Nach Wochen kam eine Antwort vom Familienministerium. Der Verein leiste eine wertvolle Arbeit, die Finanzen würden jährlich kontrolliert. Das Aufnahmeverfahren für neue Mitglieder sei eine interne Angelegenheit.

So hatte sich Viki die Reaktion nicht vorgestellt. Sollte sie aufgeben? Das würde so gar nicht zu ihr passen. Sie hatte diese Aufgabe als richtigen Weg für sich erkannt. Es gab noch eine Möglichkeit. Sie schrieb an den Ombudsmann. Diese Instanz gibt es in Luxemburg. Der Ombudsmann vermittelt, wenn ein Bürger nicht mit der Entscheidung der öffentlichen Verwaltung einverstanden ist. Der Ombudsmann des Großherzogtums Luxemburg soll das Vertrauen zwischen Bevölkerung und Behörden herstellen und damit für eine gut funktionierende Demokratie sorgen. Längst ging es Viki nicht mehr nur um ihre Bewerbung für das Ehrenamt. Hier ging es um Grundsätzliches. Allein, dass sie nicht katholisch ist, konnte kein Grund sein, sie auszuschließen. Sie fühlte sich wegen ihres Glaubens diskriminiert.

Der Ombudsmann antwortete schnell. Er hatte sich mit dem Familienministerium in Verbindung gesetzt. Vikis Auffassung wurde von ihm bestätigt. In der Tat wäre es in einem Rechtsstaat eine grobe Diskriminierung, wenn eine Person wegen ihrer Religionszugehörigkeit keine Aufnahme in einen von öffentlicher Hand subventionierten Verein finden würde. So weit folgte der Ombudsmann Vikis Anliegen.

Dann kam ein neues Argument auf. Es handle sich wohl um ein bedauerliches Missverständnis, eine unglücklich gewählte Formulierung. Man habe die Ablehnung nur ausgesprochen, weil man befürchtete, dass

Viki evangelistisch tätig werde und ihren christlichen Glauben durch dieses Ehrenamt vermitteln wolle. Das könne man nicht mit dem strikt angewandten Neutralitätsprinzip vereinbaren. Im Gegenzug bot der Ombudsmann Viki an, doch einen eigenen gemeinnützigen Verein zur Seniorenbetreuung zu gründen. Dann hätte sie selbst die Möglichkeit, staatliche Subventionen zu erhalten. So hatte man es zumindest im Familienministerium angeregt.

Mit dieser Antwort hatte Viki nicht gerechnet. Das eröffnete eine ganz neue Perspektive. Umgehend erbat sie sich Informationen über die Gründung eines eigenen Vereins. Die zuständige Frau im Familienministerium machte einen Rückzieher. So habe sie das nicht gemeint. Viki sollte sich doch lieber einem anderen Verein anschließen. Sie schlug ihr vor, bei einer Organisation zu arbeiten, die sich um Sterbende kümmerte.

Viki war empört. Sie wollte älteren, alleinstehenden Menschen Abwechslung in ihren tristen Alltag bringen, ihnen unterhaltsame, ermunternde Stunden schenken. Das war etwas anderes, als sich ausschließlich mit Sterbenden zu beschäftigen. Dafür fühlte sie sich nicht gerüstet.

Viki schrieb wieder an den Ombudsmann und brachte ihren Ärger zum Ausdruck. Hinzu kam, dass man Gerüchte über sie in die Welt gesetzt hatte. Jemand hatte angeblich behauptet, dass Viki an seiner Tür geklingelt hätte, um zu evangelisieren. Das war eine diffamierende Lüge. So etwas würde Viki nie machen. Umso mehr regte sie sich auf. Nochmals vermittelte der Ombudsmann.

Endlich bekam Viki die Genehmigung, ihren eigenen Verein zu gründen. Die Frauen dafür fand sie beim Treffen der evangelischen Pastoren. Während der Tagung traf sie sich mit den Frauen in einem Nebenraum. Sie erzählte ihnen von ihrer Idee, den Glauben sichtbar zu machen. Frauen haben von Gott einen besonderen Auftrag. Sie können auf ihre Weise andere Frauen für den Glauben gewinnen. „Wir haben den Auftrag, durch gelebte Nächstenliebe Gott zu dienen", erklärte Viki den Pastorenfrauen. Etwa zwanzig Frauen waren zusammen. Etliche sagten spontan, dass sie auch schon lange darüber nachgedacht hätten. Sie beschlossen, sich wieder zu treffen und über die Gründung eines eigenen Vereins nachzudenken. Ein halbes Jahr nach Vikis Auseinandersetzung mit dem Familienministerium wurde am 14. Dezember 2006 der Verein „Evangelische Frauen in Aktion" gegründet. Es ist ein Zusammenschluss auf der Basis der Evangelischen Allianz. Das Ziel dieser Vereinigung ist es, überall dort zu dienen, wo Frauen gebraucht werden.

Die Frauen sind offen für die Nöte junger Menschen und haben Zeit für Kranke und Verzweifelte. Gottes Wort und Taten der Nächstenliebe gehören in dieser Vereinigung zusammen. Etwa alle sechs Wochen trifft sich die Gruppe. Jede der Frauen hat die Möglichkeit einzubringen, wo sie gerne helfen möchte. Zwei große Projekte haben sie sich im Ausland vorgenommen. In Kambodscha und in Togo werden Kinderheime unterstützt. Krankenbesuche und Besuche im Altenheim gehören ebenso zu den Aufgaben. So ist eine Organisation entstanden, die weit mehr leistet als nur einen neutralen Besuchsdienst. Durch die Zusammenarbeit und Einheit von Frauen aus verschiedenen evangelischen Gemeinden wird in Luxemburg etwas vom Wirken Gottes in unserer Zeit sichtbar. Glaube muss gelebt werden, das ist Vikis Überzeugung. Nun staunt sie darüber, wie Gott trotz und durch all diese Schwierigkeiten etwas ganz Neues in ihrer Heimat begonnen hat.

„Mütter in Kontakt“

Conny ist stolze Mama einer kleinen Tochter. Aleen war von klein auf ein fröhliches und ausgeglichenes Kind. Sie spielte gerne und griff schon früh zu Buntstiften, um zu malen. Conny nahm sich viel Zeit für ihr Kind. Sie wollte alles tun, damit das Mädchen sich entfalten und zu einer Persönlichkeit heranwachsen konnte.

In der Familie wurde viel gelesen. Die Eltern nahmen oft Bücher zur Hand und lasen Aleen von klein auf vor. Verwundert stellte Conny fest, dass Aleen schon als Zweijährige begann, sich für Buchstaben zu interessieren. Sie fragte, was da auf den Autokennzeichen stand. Bald beherrschte sie das Alphabet und begann, die Buchstaben zu Wörtern zusammenzusetzen. Lange, bevor Aleen eingeschult wurde, konnte sie schon lesen. Sie freute sich auf die Schule. Endlich durfte sie noch mehr lernen.

Conny machte sich Gedanken, wie sie ihrer Tochter den Schulstart leicht machen konnte. Sie suchte im Internet. Dort fand sie eine interessante Gruppe. Mütter trafen sich, um für ihre Kinder und deren Schule zu beten. Das begeisterte Conny. Als sie am Sonntag in ihre Gemeinde kam, sprach sie eine Freundin an: „Du, ich habe da etwas im Internet entdeckt. Frauen beten für ihre Kinder. Meine Aleen kommt jetzt auch in die Schule. Das wäre doch was für uns. Hast du nicht Lust, da mitzumachen?“

Die Freundin lächelte: „Zu dieser Organisation gehöre

ich doch schon längst dazu. Meine Kinder gehen ja seit ein paar Jahren zur Schule. Seither habe ich mich dort informiert. Ich habe selbst so eine Gruppe und ich betreue die Gruppen in unserer Region." Conny war überrascht. Die beiden verabredeten sich und redeten einen ganzen Vormittag lang. Danach war für Conny klar: Sie wollte selbst so eine Gruppe gründen.

Nun begann sie alle Frauen anzusprechen, von denen sie wusste, dass ihr Kind auch eingeschult wurde. „Was meinst du, wäre es nicht eine gute Idee, unsere Kinder im Gebet zu begleiten?", fragte sie immer wieder. Nicht alle waren begeistert. Doch als das Schuljahr begann, trafen sich fünf Frauen in einem Wohnzimmer. Vor sich hatten sie die Anleitung für ein Gebetstreffen von „Mütter in Kontakt" (MIK).

Anfangs waren sie noch ungeübt. Aber sie vereinbarten, dass so ein Treffen nicht länger als eine Stunde dauern durfte. Dann sollte jede wieder in ihren Alltag zurückkehren. Eine weitere Bedingung war, dass nichts von dem an die Öffentlichkeit drang, was in der Gruppe angesprochen wurde. Jede Mutter sollte ungeschützt sprechen und beten können, ganz so, wie ihr zumute war. Die erste Gebetszeit sollte jeweils dazu dienen, auf Gott zu schauen. Er ist der Herrscher des Universums, der Schöpfer und der Retter der Menschen.

Bald schon merkten die fünf, dass sie mit dieser Anbetungszeit die alltäglichen Probleme verließen, um sie dann aus einer neuen Perspektive zu sehen. Die Mütter standen im Gebet vor dem Thron des allmächtigen

Gottes. Dort wurde ihnen die Größe und Macht Gottes bewusst. Vor diesem Gott musste man dann einfach seine eigenen Mängel und Fehler erkennen und bekennen. Das wurde der Weg, um zu sehen, wie man etwas besser machen konnte.

Mit einem dankbaren Herzen brachten die Frauen dann alles vor Gott, was sie für ihre Kinder auf dem Herzen hatten. Sie erbaten Gottes Schutz für ihre Kleinen und dass sie mit dem Lernen gut vorankämen. Das Gebet galt aber auch den Lehrern. Sie brauchten Weisheit und Liebe für die Kinder. Ja, selbst die Schulgebäude wurden unter Gottes Schutz gestellt. Prüfungen und Enttäuschungen der Kinder kamen zur Sprache.

Die Verpflichtung zur Verschwiegenheit verhalf den Frauen zu einer großen Freiheit, um alles zu bitten, was sie sich von Gott wünschten.

Schon nach wenigen Treffen empfanden sie ihre Gemeinschaft im Gebet wie eine kleine Armee für Gottes Sache. So wie die Männer und Frauen der Bibel im Gebet vor Gott standen und viel mit ihm erlebten, so sollte es auch bei ihnen sein.

Schon bald gab es viel Grund, den Vater im Himmel anzuflehen. Besonders für Aleen. Sie war mit so viel Begeisterung in die Schule gestartet. Dann wuchs ihre Enttäuschung von Tag zu Tag. Vieles wusste sie schon. Das war langweilig. Sie wollte doch Neues entdecken. Conny versuchte ihr Kind zu trösten: „Das wird sich noch ändern. Warte erst, bis sich alle eingewöhnt haben. Gib der Lehrerin eine Chance.“ Doch es passierte nichts. Im

Gegenteil. Aleen war ihrer Klasse einfach weit voraus. Conny bat die Klassenlehrerin, Aleen doch zusätzliche Aufgaben zu geben, damit sie schon weiterlernen konnte. Das konnte sich die Lehrerin nicht vorstellen. Vielleicht sollte man Aleen ein paar Stunden in der zweiten Klasse mitlernen lassen? Auch das lehnte die Schule ab.

Aleen veränderte sich. Aus dem fröhlichen kleinen Mädchen wurde ein blasses, trauriges Kind. Sie klagte immer wieder über Bauchweh. Oft ging sie nur weinend in die Schule. Conny ging mit ihr zum Arzt. Der bestätigte, was die Mutter schon geahnt hatte. Aleen war gesund, aber sie kam mit ihrer Schule nicht zurecht. Sie hatte einfach Frust. Sie wollte nicht die Zeit totschlagen, sondern lernen.

Es war nicht nur die Unterforderung. Hinzu kam etwas, womit Conny niemals gerechnet hatte. Unter den Kindern herrschte eine aggressive Stimmung. So etwas kannte Aleen gar nicht. Die Kinder prügelten sich in den Pausen. Und was noch schlimmer war: Die Lehrer schritten nicht ein. Als Conny sich empört in der Schule meldete, hörte sie den Satz, der sie fortan begleiten sollte: „Dumme Kinder machen dumme Sachen." Da helfe auch keine Aufsicht, waren sich die Lehrer sicher. Niemand in der Schule kümmerte sich um die Erstklässler, die der Kampfeslust der größeren Schüler nahezu hilflos ausgeliefert waren.

Viele der Kleinen resignierten. Die Lust auf Schule wurde ihnen völlig ausgetrieben. Stärkere Kinder wehrten sich. Schnell wurden aus den Opfern neue Täter. Der

Spruch der Lehrer schien sich zu bewahrheiten: „Dumme Kinder machen dumme Sachen." Die Schule unternahm immer noch nichts.

Einmal kam Aleen weinend nach Hause. Ein Junge hatte sie in die Leiste getreten. Sie konnte sich kaum mehr bewegen. Conny wurde wütend. Das war so typisch für die Atmosphäre an der Schule. Sie wollte sich nicht damit abfinden. Um ein konstruktives Gespräch führen zu können, musste sie sich erst beruhigen. Dann rief sie die Mutter des Jungen an. Der tat das Ganze unendlich leid. Aber auch sie war ratlos. Die Klassenlehrerin sollte eingreifen.

Conny vermittelte ihr, dass sie sich diesmal nicht so einfach mit dem bekannten Spruch aus der Affäre ziehen könne. Sie sollte den Kindern klarmachen, dass diese Schlägereien schlimme Folgen haben konnten. Tatsächlich sprach die Lehrerin das Thema in der Klasse an. Es blieb aber bei einem Anstoß. Mehr passierte nicht. Es gehörte anscheinend nicht zur Kultur der Schule, Schlägereien zu unterbinden.

Conny und Aleen ging es jeden Morgen schlecht, wenn die Kleine in die Schule musste. „Mir war, als ob ich sie in einem Irrenhaus ablieferte", erinnert sich die Mama. Im Gebetskreis der Mütter hatte sie das Thema schon oft angesprochen. „Wir haben gebetet wie die Weltmeister. Aber die Schlägereien wurden immer bunter", schildert Conny ihre Ausweglosigkeit. Auch andere Mütter litten darunter, dass ihre Kinder gemobbt wurden. Aber nun war das Maß voll. Bei Aleen musste sich etwas tun.

An einem Morgen liefen die Mütter gemeinsam bei Gott Sturm. Gott möge doch eine Delegation Engel schicken, die diese Aggressionen unterbanden und für einen freundlichen Umgang sorgten. Es war morgens um neun Uhr, als die Mütter ihre Not zu Gott brachten. In der Schule war gerade große Pause.

Gegen Mittag holte Conny ihre Tochter von der Schule ab. „Mama, heute war etwas Interessantes in der Schule“, sagte Aleen. Diesmal hatte sie einer der Jungen nur kurz festgehalten. Sie hatte erwartet, dass er zuschlug. Aber er ließ sie wieder los und das Ganze war schnell vorbei. Conny hörte nicht so genau hin. Das war schon wieder so eine unangenehme Geschichte.

Nachmittags, auf dem Weg zur Sporthalle fing Aleen wieder von diesem Vorfall an. „Mama, heute war es sehr merkwürdig in der Schule“, sagte sie.

Nun fragte Conny nach: „Was ist passiert?“

Jetzt erzählte Aleen die ganze Geschichte. Wie schon so oft hatte Robert sie festgehalten. Florian kam dazu und sagte: „Schlag sie!“ Robert fragte zurück: „Warum darf ich sie nicht schlagen?“ So ging es eine Weile hin und her. Robert forderte Florian auf zu schlagen. Doch Florian schien genau das Gegenteil zu verstehen.

„Mama, der Junge hatte irgendetwas in den Ohren. Er hat immer falsch verstanden“, wunderte sich Aleen immer noch.

Conny stutzte, dann fragte sie nach: „Sag mal, wann war das?“ Als Aleen wiederholte, dass sich diese Szene in der großen Pause abgespielt hatte, durchzuckte es

Conny. Sie musste aufpassen, dass sie beim Autofahren keinen Fehler machte. „Genau um diese Zeit haben wir Mamis für euch Kinder gebetet“, erklärte sie ihrer Tochter. Gott hatte diese Gebete erhört. Das musste ein Engel gewesen sein, der dem Jungen ins Ohr flüsterte: „Du darfst sie nicht schlagen!“ Sie waren also wirklich da, die Engel, die die Mütter „bestellt“ hatten.

Conny jubelte. Gott hielt Wort. Er kümmerte sich um die Kinder, genau so, wie er es in seinem Wort versprach. Was für eine kostbare Erfahrung, die sie nun mit ihrer Tochter teilte! Es war, als hätte Gott sie einmal kurz hinter die Kulissen schauen lassen. Die Engel waren nicht sichtbar, aber sie waren da.

Dieses Erlebnis war wie ein kostbarer Schatz, den sie ihrer Tochter mit auf den Weg ins Leben geben konnte. Und Gott wirkte weiter. Zwei andere Mädchen, die immer gemobbt wurden, hatten plötzlich den Mut, selbst mit ihrer Lehrerin zu sprechen. In dieser Klasse konnten einige Probleme angesprochen und geklärt werden. Ein anderes Kind wurde ausgerechnet von den Kindern, die es immer bedrängt hatten, unerwartet zum Spielen eingeladen.

Aleens Eltern war klar geworden, dass sie trotzdem eine andere Schule suchen mussten. Aleen sollte schließlich lernen können. Wen sie auch fragten, jeder sagte ihnen: „Während des Schuljahrs habt ihr da keine Chance.“ Das hielt Conny nicht von der Suche ab. Sie entdeckte in dreißig Kilometer Entfernung eine Montessorischule. Dort gab sie die Ergebnisse all der Tests ab, die schon mit Aleen gemacht worden waren. In der ersten Schule hatte das niemanden interessiert.

Zwei Schulämter und zwei Schulen mussten zustimmen. Normalerweise durfte im laufenden Schuljahr die Schule nicht gewechselt werden. „Gott wollte, dass Aleen den Spaß an der Schule nicht verliert“, ist sich Conny sicher. Die Behörden stimmten zu!

In der neuen Schule lernen die Kinder von der ersten bis zur dritten Klasse gemeinsam. Wenn das Pflichtprogramm erfüllt ist, darf Aleen mit anderen Schülern zusammen Neues erarbeiten. Jetzt kann sie sich wirklich entfalten. „Gott ist so großzügig“, sagt Conny. Er sorgt sogar dafür, dass die Finanzen stimmen, obwohl die Fahrten zur Schule den Geldbeutel der Familie sehr belasten. Conny hat Zeit und Geld genug, um jeden Tag sechzig Kilometer zu fahren. Das ist für sie ein Zeichen für die Großzügigkeit Gottes.

Auch die Gebetsgruppe von „Mütter in Kontakt“ ist weiter gewachsen. Es gibt inzwischen sogar „geistliche Großmütter“. Einige Frauen aus der Gemeinde haben jeweils ein Kind „adoptiert“. Sie beten für dieses Kind, als wäre es ihr Enkelkind. Manche haben sogar ein Foto des Kindes in ihrem Wohnzimmer aufgehängt. Sie alle fühlen sich reich beschenkt, weil sie die Kraft des Gebets erfahren haben.

Zum Segen für andere

Maria ist eine hübsche, große und schlanke Frau. Sie bewohnt mit ihrem Mann ein Haus gleich neben der Kirche. Blumen und Sprüche, Kinderzeichnungen und Bilder machen die Räume warm und gemütlich. „Wir haben gerne Gäste“, sagt sie gleich zur Begrüßung. Neben ihren Nichten und Neffen hat sie eine ganze Reihe von Patenkindern, die gerne bei ihr zu Gast sind.

Maria wuchs als Älteste von fünf Geschwistern in einer großen, harmonischen Familie auf. Ihr Vater war Prediger. In den Jahren, bevor Maria zur Schule kam, leitete ihr Vater eine Diakonissenanstalt. Dazu gehörte ein großes Gelände mit einem riesigen Garten, in dem sie mit ihren Geschwistern toben konnte.

Ihre Kindheit hat Maria in guter Erinnerung. Nur ein schlimmes Ekzem überschattete diese ersten Jahre. Schon als Vorschulkind bekam sie diese schrecklichen Krusten auf der Haut. Das war ganz schlimm, an allen Gelenken, erinnert sie sich. Heute kann Neurodermitis viel besser behandelt werden. Damals sprach man von einem „endogenen Ekzem“ und war hilflos. Nur gut, dass Freunde aus dem Westen viele Pakete mit einer besonderen rückfettenden Badelösung schickten. Maria musste jeden Tag baden, dann war das Ekzem einigermaßen erträglich.

Für Maria war es keine Frage, dass sie auch einmal eine große Familie haben wollte, genauso wie ihre Mutter. Kinder zu bekommen, das gehörte für sie ganz selbstverständlich zum Leben dazu. Sie hatte ihre Vorstellungen und Träume. Am liebsten wollte sie im Vogtland oder Erzgebirge wohnen, da waren die Wurzeln ihrer Eltern. Mit den Menschen dort, so dachte sie, kam sie besser zurecht.

Sie studierte an der Humboldt-Universität in Berlin Englisch und Russisch. Mit neunzehn Jahren heiratete sie ihren Bernhard, der Musik studierte und schon bald eine Stelle als Kantor im Erzgebirge fand. Nachdem Maria ihr Studium beendet hatte, zog sie zu ihm ins Pfarrhaus der erzgebirgischen Kleinstadt. Die Pfarrstelle war unbesetzt. Darum erwartete man vom Kantor, dass er die Gemeinde zusammenhielt. Maria übernahm etliche Aufgaben, die sonst die Pfarrfrau erledigt hätte. Mit Bernhard zusammen erstellte sie das Nachrichtenblatt der Kirchgemeinde. Sie kümmerte sich um Mitarbeiterinnen und übte mit den Kindern das Krippenspiel ein. Nebenher gab sie Kurse an der Volkshochschule.

Nach der Wende kam sie auf die Idee, sich an einer neu gegründeten christlichen Schule als Lehrerin zu bewerben. Sie wurde tatsächlich als Englischlehrerin eingestellt und gleich als Klassenlehrerin eingesetzt. Das hatte sie gar nicht vorgehabt.

Doch Maria wollte sich der Herausforderung stellen und kniete sich in die Arbeit. Das Tempo hielt sie allerdings nicht lange durch. Nach einigen Monaten konnte sie nachts nicht mehr schlafen. Sie weinte jeden Abend, und ihr Mann wusste nicht mehr, wie er ihr helfen könnte. Endlich ging sie zu einer Seelsorgerin. Die stellte eine starke körperliche und seelische Erschöpfung fest und ordnete an, dass Maria sich sofort krankschreiben ließ. Nach einer sechswöchigen Kur ging es langsam wieder bergauf. Doch in diese Schule kehrte Maria nicht mehr zurück.

Die junge Frau hatte so viele Aufgaben, dass sie über Nachwuchs nicht groß nachdachte. Zunächst sah sie keinen Anlass, etwas zu unternehmen. Sie hatte ein erfülltes Leben mit vielen Aufgaben und wollte sich an Gottes Zeitplan halten. Nur die Fragen mancher Leute ärgerten sie. Eine Frau fragte zum Beispiel: „Und wann habt ihr Kinder geplant?" Das machte Maria richtig wütend. Kinder sind mehr als etwas, was man planen kann. Wenn Gott will, dann schenkt er Kinder. Und wenn nicht, dann weiß er, was er tut. Daran wollte sie festhalten.

Aber in der Gemeinde hatte sie es mit dieser Einstellung nicht immer leicht. Da wurde genau auf den Kantor und seine Frau achtgegeben. Im Laufe der Zeit erfuhr Maria, dass mindestens sieben Mal das Gerücht in der Kleinstadt umging, sie sei schwanger. Dazu kamen von allen Seiten unerwünschte und manchmal sehr verletzende Ratschläge: „Ihr macht da was falsch" oder: „Ihr seid zu verklemmt." Mitten in der Gemeinde fühlte Maria sich manchmal total allein. Da waren überall Familien. Die standen im Mittelpunkt und die Kinder lieferten ihnen jede Menge Gesprächsstoff. Oft wurde ihr signalisiert: Du kannst da gar nicht mitreden, wenn man Kinder hat, dann ist das alles ganz anders.

Maria fühlte sich oft minderwertig. Das Schlimmste

war: Niemand fragte sie, wie es ihr ging. So ein Ehepaar ohne Kinder, das hatte doch nur Vorteile, meinte man. Die beiden konnten jede Nacht durchschlafen und abends etwas unternehmen, ganz wie sie wollten. Sie konnten ihre Freizeit frei einteilen. Da musste es einem ja gut gehen. „Niemand kam auf die Idee, dass man auf manches gerne verzichten würde für ein Baby, niemand fragte, wie wir mit unserer Situation fertig wurden", erzählt Maria. Dabei dachte sie nicht nur an diese augenscheinlichen Dinge. „Gott hat die Mütterlichkeit in uns Frauen hineingelegt. Jede Liebe braucht ein Ziel, auch die Mutterliebe", so formuliert sie das, was ihr im Lauf der Jahre immer mehr zu schaffen machte. Manchmal kam ihr die hundert Quadratmeter große Wohnung im Pfarrhaus furchtbar still und leer vor, das war unerträglich.

Dann kam ganz plötzlich ihr junger Schwager bei einem Flugzeugabsturz ums Leben. Wie gerne hätte sie nun ihre Schwiegereltern mit Enkelkindern getröstet!

Erst nach fast zehn Jahren Ehe ließ Maria sich von ihrer Mutter überzeugen, doch mal zum Arzt zu gehen. Die Verwandtschaft hatte schon lange genörgelt, weil keine Enkelkinder kamen. Die Mutter meinte, dass es manchmal ganz einfach sein konnte, etwas zu ändern. Vielleicht war ja nur ein Eileiter verstopft?

Es folgte eine lange Reihe von Untersuchungen bis zur Diagnose. Aus medizinischer Sicht war es für Maria so gut wie unmöglich, Kinder zu bekommen. „Es dauerte sehr lange, bis wir uns mit dem Wort ‚kinderlos' identifizieren konnten", schildert Maria den inneren Kampf, den sie von da an zu bestreiten hatten. „Das klingt so negativ. Fortpflanzung ist doch ein Zeichen von Leben. Man kommt sich ein bisschen tot vor. Da stirbt etwas ab", beschreibt sie ihre damaligen aufgewühlten Gefühle.

An manchen Tagen war Maria sehr niedergeschlagen. Aber es gab auch Tage voller Wut und Zeiten, in denen sie mit Gott verhandeln wollte. Manchmal empfand sie körperliche Schmerzen, einfach weil da etwas fehlte.

Um mit dieser Diagnose umzugehen, musste sie alle Phasen einer Trauer durchleben. Psychologen sagen sogar, die Folgen seien vergleichbar mit denen beim Verlust des Ehepartners oder eines eigenen Kindes. Oft half die Musik Maria und ihrem Mann, diesen Schmerz zu bewältigen oder ihn wenigstens auszudrücken. Besonders das „Deutsche Requiem" von Brahms weiß Maria seither zu schätzen.

Gott ließ sie aber mit ihrer Not nicht allein. Er stellte ihr eine Freundin an die Seite. Debbie war zehn Jahre älter als Maria und hatte auch keine Kinder. Anfangs telefonierten die beiden gelegentlich miteinander. Dann trafen sie sich öfters. Sie besuchten gemeinsam Seminare und machten eine Ausbildung für ehrenamtliche Prediger der Landeskirche. Maria merkte sehr schnell, dass diese Frau sie verstand. „Debbie war schon etwas weiter. Durch die Gespräche mit ihr habe ich vieles erst verstanden, was da bei mir ablief", erklärt sie im Rückblick.

Debbie ist Kindergartenerzieherin, sie hat also beruflich viel mit Kindern zu tun. In ihrer Freizeit macht sie eher einen Bogen um Kinder. Bei Maria ist das anders. Ganz bewusst begleitete sie ihre Schwester, als die schwanger war. Sie erlebte mit, wie schwer eine Schwangerschaft sein konnte, wie müde Ina immer war. Die beiden konnten gut über ihre Gefühle sprechen.

Als Ina sich ein zweites Kind wünschte und das nicht so schnell klappte, verstand sie plötzlich Maria besser. „Wie schlimm muss das erst für dich sein!“, sagte sie zu Maria.

Maria erzählte ihrer Schwester von ihrer Sehnsucht und ihrer Trauer. Aber sie erlebte in Inas Familie auch mit, wie anstrengend Kinder sein konnten. „Das hilft mir, realistisch zu bleiben“, erklärt Maria. Sie kümmerte sich gerne um die Kinder ihrer Schwester. Dabei entdeckte sie, dass sie ganz andere Möglichkeiten hatte, diese Kontakte zu pflegen, als wenn sie selbst für Kinder zu sorgen hätte. Die Kinder freuten sich, wenn da jemand selbst keine Kinder mitbrachte und ihnen dafür die volle Aufmerksamkeit schenkte.

Für Maria war es jetzt einfach, mit ihrer Schwester über diese Dinge zu reden. „Wir beneiden uns gegenseitig, das ist uns bewusst“, meinte sie. Im Gegensatz zu anderen Frauen mit unerfülltem Kinderwunsch konnte Maria sich aber jetzt richtig mitfreuen, wenn jemand schwanger war. Für manche Frau ist das jedes Mal wieder ein Stich ins Herz, wenn ihnen eine schwangere Frau oder eine junge Mutter begegnet.

Maria hatte sich immer Ansprechpartner gesucht. Besonders mit Debbie konnte sie Ordnung in ihre Gefühle bringen. Beide teilten das gleiche Los. Miteinander wollten sie herausfinden, wie Gott zu solchen Fragen stand. Zunächst schauten sie sich um. Gab es irgendwo eine Anlaufstelle für Frauen mit unerfülltem Kinderwunsch? Wer konnte ihnen Antwort auf die ethischen Fragen geben? Wäre es ratsam für ein Ehepaar, Kinder zu adoptieren, wenn es selbst keine bekam? Oder konnte die moderne Medizin mit einer künstlichen Befruchtung in die Bresche springen? Und was sagte die Bibel dazu?

Stundenlang redeten Maria und Debbie über diese Dinge. Es gab kaum Angebote für ungewollt Kinderlose im christlichen Raum. Dabei erforderten diese Fragen doch eine hohe ethische Kompetenz. Wie war das zum Beispiel mit der künstlichen Befruchtung? Pfuschte man Gott dabei ins Handwerk?

Aus den vielen Gesprächen zwischen Maria und Debbie entstand ein Plan. Sie kauften ein Webcontentmanagement. Das ist ein System zur gemeinschaftlichen Erstellung und Organisation von Inhalten im Internet. Das lange Wort zeigte schon, wie mutig sie sich an die neuen Medien heranwagten. Sie investierten Zeit und Geld und richteten eine Seite im Internet ein. Unter dem Titel „Hannahs Schwestern“ treffen sich dort Frauen, die das gleiche Schicksal tragen. In einem Forum teilen sie ihre Erfahrungen und ihr Leid.

Alle kommen mit den gleichen Fragen. Oft heißt es so ähnlich wie: „Ich bin sehr dankbar, dass es diese Seite gibt. Wir sind seit fast sechzehn Jahren verheiratet und leben seitdem mit einem Wunsch nach Kindern – die uns leider bisher versagt geblieben sind" (andere schrieben: „der bei anderen um uns herum oft auf Unverständnis gestoßen ist"), „doch wir durften erfahren, dass Gott uns durch die schwere Zeit hindurchgetragen hat und es noch immer tut. Durch Ihre Seite erfuhr ich viel Trost und Ermutigung."

Maria weiß aber, dass sich manche Frauen immer noch nicht trauen, sich auf der Seite anzumelden: „Es ist paradox. Man fühlt sich alleingelassen, weil keiner fragt, wie es einem geht, und wagt es doch nicht, über seinen Schatten zu springen und das Problem anzusprechen."

Maria und die anderen Schwestern von „Hannah" haben dafür viel Verständnis. Es ging ihnen nicht anders. Das Problem Kinderlosigkeit kann nicht mit schnellen Antworten geklärt werden. Einige der Frauen bieten sich als Gesprächspartnerinnen an. Viele finden Trost, indem sie sich mit einer Frau aus der Bibel identifizieren.

Zwei Frauen mit dem Namen Hanna kennt die Bibel. Die eine war lange Zeit kinderlos. Sie schüttete ihr Herz vor Gott aus und weinte. Gott erhörte sie und schenkte ihr einen Sohn. Maria hat diese Geschichte besonders angesprochen. „Wenn ich allein war, dann hat mich der Schmerz oft überwältigt. Das Beste, was man dann tun kann, ist, damit zu Gott gehen. Gott weiß und sieht das ja alles. Er will, dass wir unser Herz bei ihm ausschütten, damit es nicht mehr so schwer ist. Nach diesen vielen Tränen getröstet zu werden, ist etwas Wunderbares. Das kann nur Gott schenken. Aber es ist auch Kampf. Man kann es nicht irgendwohin loslassen. Man muss sich an die richtige Adresse wenden."

So erlebte Maria die biblische Geschichte der Hanna als ihre eigene Geschichte. Auch die andere Hanna, von der in der Bibel erzählt wird, berührte Frauen, die keine eigenen Kinder bekamen. Im Neuen Testament wird von einer Witwe erzählt, die Hanna heißt. Sie war nur kurze Zeit verheiratet. Wahrscheinlich hatte sie auch keine Kinder. Sie zog sich in den Tempel zurück, in die Nähe Gottes. Auch sie erlebte etwas Besonderes: Sie durfte das neu geborene Jesuskind in den Armen halten.

Beide Geschichten helfen „Hannahs Schwestern", ihr Leben so anzunehmen, wie es gerade ist. In kurzer Zeit haben sich weit über hundert Frauen dieser Gruppe angeschlossen. Man trifft sich nicht nur im Internet, sondern auch zu Tagungen und Seminaren. Fachleute werden eingeladen, die zum speziellen Thema sprechen. Maria besucht Frauenkreise, um auf die Kinderlosen aufmerksam zu machen. Sie hofft, dass man dann etwas sensibler mit ihnen umgeht.

Viele Ehen zerbrechen, wenn sich herausstellt, dass das Paar keine Kinder haben wird. Da ist Maria sehr froh, dass sie schon zehn Jahre verheiratet waren, als die Diagnose kam. Als Ehepaar hatten Maria und Matthias in dieser Zeit gelernt, das gemeinsame Leben zu gestalten.

Dennoch haben sie unterschiedliche Wege, mit der Kinderlosigkeit umzugehen. Matthias spricht nur wenig davon. Maria braucht den Austausch. Den findet sie nun bei „Hannahs Schwestern“. Maria wünschte sich ein Kind, dem sie mütterliche Gefühle schenken, für das sie sorgen konnte. Viele von „Hannahs Schwestern“ haben sich Aufgaben in der Kinder- und Jugendarbeit gesucht. Manche sind sogar Tagesmutter für andere Kinder. Bei Maria sollte es anders sein.

In ihrem Leben gibt es jetzt ein Mädchen namens Melanie. Maria hatte lange über eine Adoption nachgedacht. Doch Matthias konnte sich nicht vorstellen, ein ganz fremdes Kind ins Haus zu nehmen.

Maria hatte gelernt, ihr Herz bei Gott auszuschütten. So betete sie: „Herr, wie soll das nun werden? Ich hätte gerne ein Kind. Wenn du uns nicht eines praktisch vor die Tür legst, dann werde ich wohl nie eines haben.“ Es war ihr wichtig, dass ihr Mann ein Ja dazu hatte. Darum betete sie darum, dass Gott ihm zuerst klarmachte, was werden sollte.

Melanie nahm irgendwann an einer Freizeit teil. Matthias verstand sich gut mit ihr. Er lud sie zu einem Besuch ein, denn Maria und Matthias wohnen in einem Ort, der viele Touristen anzieht. Die Besuche wurden häufiger. Bald kannte das Ehepaar die Geschichte des Mädchens. Melanie hatte verschiedene Probleme und brauchte ein Zuhause. Irgendwann erkor sich Melanie die beiden zu Wahl-Eltern und zog bei ihnen ein.

Zuerst war es nicht einfach. Maria und Matthias nahmen sich Zeit für sie, doch sie setzten ihr auch Grenzen. Es gab heiße Diskussionen, als sie ihr Abitur machen wollte und nicht so viel Lust zum Lernen hatte. Oder als sie ihren ersten Freund mit nach Hause brachte. Da prallten die Meinungen aufeinander. Aber es ist für Melanie wichtig zu wissen, was Maria und Matthias zu ihren Entscheidungen denken. Sie ist jetzt achtzehn Jahre alt und froh, bei ihnen ein Zuhause gefunden zu haben.

„Mit Melanie hat Gott das getan, worum ich gebetet hatte, obwohl ich ihm das wirklich nicht zugetraut hatte“, sagt Maria.

Für sie ist es die letzte Phase des Trauerns, wenn das Leid zum Segen für andere wird. Sie ist sich sicher: Auch wenn ihre Wünsche nicht so erfüllt wurden, wie sie es sich erträumt hatte – einen reichen Schatz hat Gott ihr auf jeden Fall geschenkt.

Reich an Erfahrungen

Christa Sickinger wurde während des Zweiten Weltkriegs geboren. Ihr Vater war im Krieg. Christa kannte ihn nicht. Trotz Bombennächten und Entbehrungen verstand es die Mutter aber, ihren fünf Kindern ein liebevolles Zuhause zu bieten. In der Familie wurde viel gesungen und musiziert. Auch Tante Martha gehörte irgendwie mit zur Familie. Sie war Christas Patentante und arbeitete in der benachbarten Stadt im Krankenhaus.

Tante Martha war Diakonisse. Sie unternahm viel mit den Kindern und lebte einen fröhlichen Glauben. So schrieb sie zum Beispiel kleine Theaterstücke, die die Kinder dann im Mutterhaus aufführten. Für Christa und ihre Geschwister spielte sie Kasperletheater. Auch die Nachbarskinder durften dazukommen.

Gerne erinnert sich Christa an die Ausflüge mit der Familie. Dann ging es in den Schwarzwald oder an den Kaiserstuhl. Es wurden Kräuter, Beeren und Pilze gesammelt, im Freien Suppe gekocht oder „Räuber und Gendarm" gespielt. Mitten im Krieg erlebten die Kinder Harmonie und Frieden.

Diese heile Welt brach jäh zusammen, als Christas Vater aus dem Krieg zurückkam. Wer war dieser Mann, der alles durcheinanderbrachte? Christa empfand ihn als Störenfried. Das war nicht unbegründet. Wie sollte das kleine Mädchen wissen, was in diesem Mann vor sich ging? Ihr Vater hatte an Hitler und an den Sieg der Deutschen geglaubt. Nun kam er mit sich und der Welt nicht mehr zurecht.

Seinen Frust bekam die Familie täglich zu spüren. Es herrschte eine unerträgliche Spannung. Nicht nur die Kinder, auch die Mutter litt unter der Situation. Ständig gab es Krach, Schläge, Geschrei und Tränen. Alles, was vorher so gut funktioniert hatte, zerbrach mit der Ankunft des Vaters. Die vierjährige Christa kam damit gar nicht klar. Ihr Wesen veränderte sich. Sie vertraute keinem Menschen mehr, verstummte und schlafwandelte nachts durchs Haus.

Tante Martha beobachtete die Entwicklung mit großer Sorge. Sie bat eine Freundin in der Schweiz um Hilfe. Die leitete dort ein Erholungsheim des „Gott hilft"-Werks. So flatterte eine Einladung zu einem Aufenthalt in der Schweiz ins Haus. Christa und ihre vier Jahre ältere Schwester sollten sich dort erholen. Dafür brauchten sie ärztliche Bescheinigungen. Dann musste ihre Mutter für sie bei der französischen Besatzungsbehörde eine Reiseerlaubnis beantragen.

Im September 1946 stiegen die beiden Mädchen in den Zug nach Basel.

Dort mussten die Kinder aussteigen. Die beiden fünf und neun Jahre alten Mädchen standen allein auf dem Bahnsteig. Die Frau, die sie zum nächsten Bahnhof bringen und die Fahrkarte für die Weiterfahrt lösen sollte, hatte es vergessen.

Schließlich landeten sie bei der Bahnhofsmission. Eine Dame nahm sie mit ins Büro. Sie servierte den Kindern

Ovomaltine und Weißbrot mit Honig. So etwas Gutes hatte Christa noch nie gegessen. Wo war sie nur hingeraten?

Nachdem ihr Hunger gestillt war, wurde die weitere Fahrt organisiert. Die Dame telefonierte. Dann brachte sie die Mädchen vom deutschen zum Schweizer Bahnhof Basel. Sie kaufte die Fahrkarten und sprach einen älteren Herren an, der auch in den Zug einstieg. Er setzte sich zu den Kindern ins Abteil und unterhielt sich freundlich mit ihnen.

Wieder blieb Christa vor Staunen der Mund offen stehen: Der Mann zog ein Tischchen aus der Wand. Dann bot er den Kindern Bananen und Schokolade an. Das war wie „Tischlein deck dich". Sie mussten im Schlaraffenland sein.

Übermüdet kamen die Kinder schließlich im Erholungsheim des Schweizer Hilfswerks an. Sie sanken ins Bett und schliefen sofort tief und fest.

Morgens um fünf Uhr erwachte Christa von einem Geräusch. Was war das? Es klang wie ein Horn. Sie sprang aus dem Bett und schaute aus dem Fenster. Da traute sie ihren Augen nicht: Das war ein Junge mit einer großen Herde Ziegen! Wie der Geißenpeter aus „Heidi"! Hier musste auch Heidi sein! Dann entdeckte sie die Berge und die Almen. Christa war begeistert.

Von nun an ging es jeden Tag in die Berge. Das Schönste war für Christa die Vesperpause unterwegs. Es gab jeden Tag ein Brötchen und einen ganzen Riegel Schokolade, einfach köstlich!

In diesem Erholungsheim verbrachten normalerweise die Mitarbeiter des Hilfswerks ihren Urlaub. Diese Erwachsenen kümmerten sich nun rührend um die beiden deutschen Kinder. Sie nähten und strickten für sie. Bald war Christa neu eingekleidet. Sogar ein Wollmäntelchen bekam sie. Und als ihre Schuhe im Schnee aufweichten und die Sohlen sich ablösten, da bekam sie auch noch Stiefel aus Rindsleder. Das Beste aber war: Sie wurde nicht mehr geschlagen. Es war wie im Himmel.

Diese Menschen glichen der geliebten Tante Martha. Sie lebten ihren Glauben und teilten das Wenige, was sie hatten. Denn sie bekamen für ihre Arbeit im Hilfswerk nur ein Taschengeld.

Noch heute denkt Christa staunend an diese liebevolle Zuwendung. Dort erlebte sie nicht nur äußerlich viel Positives, sie sah auch, welche Auswirkungen ein lebendiger Glaube haben kann.

Acht Wochen dauerte der Erholungsaufenthalt. Als sie vorbei waren, weinte Christa. Sie wollte nicht nach Hause zurück. Doch es half nichts. Der Alltag mit dem unzufriedenen Vater holte sie wieder ein. Aber da war noch immer Tante Martha. Zu der konnte Christa gehen, zu ihr hatte sie Vertrauen. Die Unternehmungen mit ihr waren die Lichtblicke im Leben des Mädchens. Bei ihr konnte sie dem Unfrieden zu Hause entfliehen.

So blieben ihr doch auch viele schöne Erinnerungen. Einmal besuchten sie zusammen eine Krippenausstellung. Eine der Krippen sprach Christa besonders an. Da gab es Löwen und Schafe an einem Hang und im Stall war Christus geboren. „Das ist es, worauf wir warten – Frieden“, erklärte Martha. Damit pflanzte sie bei dem Mädchen eine Zukunftshoffnung, die bis heute geblieben ist.

Auch sonst führte die Patentante Christa ganz behutsam an den christlichen Glauben heran. Sie schenkte ihr viele Bücher. Darunter waren auch welche, die von Missionaren handelten.

Mit sechs Jahren kam Christa in die Schule. Sie lernte gerne und gut. Doch wofür? Ihr Vater hielt nichts davon, dass sie viel lernte. Er war der Auffassung: Mädchen brauchen keine Ausbildung, die heiraten. Wenn Christa ein Junge wäre, dann wäre das etwas ganz anderes! Kein Wunder, dass Christa sich oft wünschte, ein Junge zu sein. Dann hätte sie eine Perspektive.

Als Christa im Konfirmandenalter war, musste sie mitansehen, wie die geliebte Tante nach großem Leiden starb.

„Weine nicht. Freu dich mit mir. Ich darf jetzt sehen, was ich geglaubt habe“, an diese Worte erinnert sich Christa, wenn sie an den letzten Besuch bei Tante Martha denkt.

Noch auf dem Sterbebett sorgte sich die Tante um ihr Patenkind. Sie nahm Christas Vater ein Versprechen ab. Er musste ihr zusagen, das Mädchen auf die Höhere Handelsschule zu schicken. Für das Schulgeld vererbte sie Christa ein Feld. Das sollte verkauft werden, um das Schulgeld zu bezahlen. Tanta Marthas Schreibmaschine und ein Feld – das war alles, was der Vierzehnjährigen blieb.

Der Vater hielt Wort, Christa durfte weiter zur Schule gehen. Sie entdeckte eine Bücherei und gehörte bald zu den besten Kunden. Dort fand sie Lektüre, die sie bis dahin nie gesehen hatte. Sie las Bücher über die jüngste Geschichte Deutschlands. Eine Dokumentation trug den Titel „Der gelbe Stern". Es war erschütternd, was dort in Wort und Bild belegt wurde. Hatte ihr Vater da mitgemacht?

Sie warf ihm vor: „Jetzt weiß ich, wer du bist!", und zeigte ihm die Fotos.

„Lüge, alles Lüge!", war seine Antwort.

Drei Jahre lang kämpfte sie mit ihm. Immer neue Beweise legte sie ihm vor, bis er eines Tages sagte: „Das habe ich nicht gewusst und niemals für möglich gehalten. Ich habe mein Leben auf die falsche Karte gesetzt." Es fiel dem gestandenen Mann sehr schwer, diese Erkenntnis über sein Leben auszusprechen. Aber die Tochter war froh, dass er sich so geäußert hatte, und fand langsam einen Zugang zu ihm.

Nach der Konfirmation wurde Christa in einen christlichen Jugendkreis im Nachbarort eingeladen. Dort spürte sie etwas, was sie noch nicht kannte. Diese jungen Leute hatten etwas, was ihr fehlte. Die Atmosphäre war so herzlich, so warm, dass sie sich gleich zu Hause fühlte. So wollte sie auch leben. Als dazu aufgerufen wurde, stellte sie ihr Leben bewusst Jesus zur Verfügung.

Nach der Handelsschule machte Christa eine Ausbildung zur Industriekauffrau. Sie arbeitete zuverlässig und gut und war als Zwanzigjährige schon die Leiterin einer Abteilung. Nebenher engagierte sie sich im Jugendkreis und in der Jungschararbeit. Aber das genügte ihr nicht. Sie wollte die Bibel besser kennenlernen. Darum kündigte sie, um eine Bibelschule zu besuchen.

Ihr Chef konnte das nicht verstehen. Sie war so eine gute Mitarbeiterin, die er nicht verlieren wollte. Er suchte das Gespräch mit ihren Eltern. Aber Christa blieb bei ihrer Entscheidung, zur Bibelschule zu gehen. Dort bekam sie zwei Jahre lang eine Ausbildung und Prägung für ihr ganzes Leben. Sie schätzte besonders den konzentrierten Umgang mit der Bibel.

Danach wollte sie mit Menschen arbeiten. Sie fand ihre Aufgabe in einem Heim für „Schwererziehbare", so nannte man das damals. Dort lebten Jugendliche, deren Leben irgendwie aus dem Ruder gelaufen war. Als Dreiundzwanzigjährige war sie für eine Wohngruppe von Mädchen zuständig. Das älteste Mädchen war einundzwanzig Jahre alt, also nicht viel jünger als Christa. Die jüngsten waren vierzehn. Das Jugendamt hatte sie eingewiesen. „In diesen vier Jahren habe ich das Leben kennengelernt", sagt Christa, wenn sie zurückschaut.

In dem geschlossenen Haus wurden Mädchen untergebracht, mit denen sonst keiner klarkam. Christa schenkte ihnen Vertrauen und bekam Vertrauen zurück. Beziehungen wuchsen, die schwierigen Mädchen öffneten sich und erzählten. Christa hörte unglaubliche Schicksale, die ihr Herz berührten.

Ein Mädchen hatte schon als Kleinkind gelernt, wie man klaute. Da war eine Zwölfjährige, die von ihrer Mutter auf den Strich geschickt worden war. Missbrauch, Sucht, Kriminalität – die meisten hatten schon in der Kindheit damit Bekanntschaft gemacht.

Eigentlich hätte man die Mütter zur Verantwortung ziehen müssen und nicht die Mädchen verurteilen, dieser Meinung ist Christa heute noch. Die Mütter hatten verursacht, was die Mädchen ausbaden mussten. Diesen Kindern hatte noch nie jemand Vertrauen entgegengebracht. Christa tat das. Diese Erfahrung hatten sie noch nie gemacht. Eine lief trotzdem weg. Drei Wochen später war sie wieder da. Sie hatte sich an Christa erinnert, die ihr anders begegnet war als alle anderen.

Nicht nur den betreuten Mädchen, auch Christa tat diese Zeit gut. Sie lernte, wie das Leben auf einer anderen Seite aussehen kann. Dadurch bekam sie eine neue Sicht auf ihr eigenes Leben. Wie dankbar konnte sie sein für all die Menschen, die ihr eine Perspektive gegeben hatten.

Christa hatte selbst eine schwere Kindheit und Jugend gehabt, seit ihr Vater nach dem Krieg wieder zu Hause war. Sie konnte sich dadurch besonders gut in diese Mädchen hineinversetzen. Denn sie wusste, wie es war, zu Hause ungeschützt und nicht geborgen zu sein. Tante Martha und andere Menschen hatten ihr geholfen, trotzdem ihren Weg zu finden. Bei ihnen hatte sie Liebe, Zuwendung und Vertrauen erfahren. So hatte sich ihre schlimme Erfahrung aus der Kindheit in einen Schatz verwandelt: Sie konnte diesen Mädchen mit Verständnis und Zuwendung begegnen und ihr Vertrauen stärken.

Nach ihrer Heirat und der Geburt ihrer Tochter kehrte sie erst einmal nicht mehr in ihren Beruf zurück, sondern engagierte sich ehrenamtlich in ihrer Gemeinde. Sie hielt Kindergottesdienst und wurde in den Gemeinderat gewählt.

Die Frauenarbeit machte Christa besonders viel Freude. Die Mitarbeiterinnen dort gaben sich viel Mühe und dachten sich wunderbare Angebote für Frauen aus. Aber es kamen keine neuen Frauen dazu. Einmal hatten sie mit viel Liebe eine Bibelwoche vorbereitet. Nicht eine Frau von außerhalb der Gemeinde kam. Die Frauen fragten sich: „Was machen wir falsch?“ Heute sagt Christa: „Wir haben den Missionsbefehl umgedreht. Jesus sagt, *wir* sollen *hingehen*. Aber wir haben darauf gewartet, dass *die Frauen kommen*.“

Drei Jahre lang betete Christa mit einigen Frauen: „Gott, zeige uns einen Weg, wie wir fernstehende Frauen erreichen können, um ihnen die frohe Botschaft zu sagen.“ Dann kam eine Schweizer Diakonisse dazu. Sie erzählte von Frauen in der Schweiz, die ein Frühstück für Frauen planten. Da machte es bei Christa „klick“. Das wollte sie mit ihrem Team probieren. Sie luden zu einem Frühstück mit Vortrag in den Speisesaal eines Mutterhauses ein. Es kamen fast hundert Frauen. Mehr als ein Drittel davon gehörte nicht zur Gemeinde. Dieses Konzept schien zu passen.

Christa suchte den Kontakt zu anderen Städten, die

ebenfalls so etwas ausprobierten. Barbara Jakob, die diese Idee in der Schweiz als Erste umgesetzt hatte, machte dem Team Mut: „Geht raus, wagt etwas." Aber wie konnte das hier, in ihrer Stadt, aussehen?

Es gab den kleinen Kursaal mit 250 Plätzen. Doch was sollte werden, wenn niemand kam? Die Saalmiete, das Frühstück, die Referentin – alles kostete Geld. „Wenn alle Stricke reißen", dachte Christa, „dann habe ich noch mein Sparbuch aus der Zeit, als ich ledig war. Das reicht gerade für die Unkosten." Sie wagten es, die Frauen einzuladen. Schon beim ersten Mal reichten die Plätze nicht! Für die zweite Veranstaltung mussten sie den großen Kursaal mit 700 Plätzen mieten. Die Gästezahl wuchs und wuchs. Man zog in die Schwabenlandhalle, die 1100 Plätze hat. Bis zu 1400 Frauen kamen zum Frühstücks-Treffen in Stuttgart. Als der Platz nicht mehr reichte, begannen Frauen in den umliegenden Städten, solche Treffen zu organisieren.

Der Verein „Frühstücks-Treffen für Frauen" wurde gegründet. Für die Mitarbeiterinnen war die ganze Arbeit Neuland. Natürlich sollte alles korrekt geregelt werden. Unter anderem wurde jemand gesucht, der oder die die Kasse des Vereins kompetent verwalten konnte. „Wenn niemand da ist, der es machen will, dann mache ich es", das war Christas Verständnis, wenn es um den Dienst für Gott ging. Jetzt verstand sie plötzlich, warum Gott sie ausgerechnet diesen Lebensweg geführt hatte. Gott hatte von langer Hand vorbereitet, was für die nächsten Jahre ihre Aufgabe sein sollte. Eigentlich hatte sie nie im Büro arbeiten wollen. Doch bereits während ihrer Lehrzeit hatte sie viel in der Buchhaltung arbeiten müssen und, um sich dafür besser zu qualifizieren, nebenher einen Fernkurs zur Finanzbuchhalterin absolviert. Dann hatte Gott sie in das Heim für schwer erziehbare Mädchen geschickt. Dort hatte sie einen Blick für die Menschen bekommen, denen sie dienen wollte, und das Leben von einer ganz anderen Seite entdeckt. Sie hatte erfahren, wie sie durch ihre eigenen Erlebnisse mit ihrem Vater jetzt einen Zugang zu diesen Mädchen fand, die noch viel mehr Gewalt und Not erlebt hatten. Gott wollte, dass ihr Leben nicht von einer Karriere, sondern vom Dienen bestimmt war. Darin war sich Christa sicher.

Ein Computer wurde angeschafft und Christa begann, die Finanzen des Vereins zu ordnen und zu verwalten. Das sollte für die nächsten zwanzig Jahre ihre Aufgabe sein. Aus den 28 Städten wurden bald 100 und dann über 200 Städte, die bei Christa ihre Kasse abrechneten. Berge von Akten und Schränke mit Ordnern füllten das Haus.

Daneben betreute sie als Gebietsbeauftrage die Teams im Süden Deutschlands. Sie informierte die Gruppen, schulte die ehrenamtlichen Mitarbeiterinnen und begleitete sie mit Rat und Tat.

Christa sah diese Aufgabe immer als Berufung von Gott an, obwohl sie alles ehrenamtlich erledigte. Die Fülle der Aufgaben hätte gut für eine Vollbeschäftigung gereicht. Wenn sie von Verwandten auf gut Schwäbisch gefragt wurde: „Was schaffsch?“, dann fragte sie gewöhnlich: „Willst du wissen, was ich arbeite, oder wer die Brötchen bezahlt?“ Selbstbewusst konnte sie sagen, dass sie nichts verdiente, aber Gott diente. Im Rückblick erzählt sie, dass Gott sie immer versorgt hat.

Sie sagt: „Ich habe nie Mangel gehabt. Es ist ein Geheimnis. Wer es nicht erprobt, wird es nicht erleben.“

Christas Leben wurde dafür auf ganz andere Weise reich. Sie konnte vielen Frauen helfen, Mut zum Leben zu fassen. In der Schatzkiste ihres Lebens findet sie unzählige Begegnungen mit Frauen, die Spuren hinterlassen haben. Dazu zählt zum Beispiel die siebzigjährige Geschäftsfrau, die in einen Frauen-Gesprächskreis fand. Sie hatte schlimme Schicksalsschläge zu verkraften. Mann und Tochter waren gestorben. Als sie in diesem Kreis von der Liebe Gottes hörte, liefen ihr Tränen über das Gesicht. „Ach, Frau Sickinger, warum musste ich denn erst so alt werden, um das zu begreifen?“, fragte sie Christa. Um Religion oder Kirche hatte sie sich bis dahin nie gekümmert. Sie war zwar kirchlich getraut worden, aber sie hatte noch nie gehört, dass man eine persönliche Beziehung zu Gott haben kann. Nun zog eine bisher nicht gekannte Freude in ihr Leben ein. Und Christa begriff: Gott geht mit jedem Menschen seinen Weg. Er gibt jedem eine Chance, und sie durfte dabei mithelfen.

Wie gut diese Arbeit den Frauen tat, das bezeugten auch deren Männer. Einer erzählte Christa: „Ich war erst sehr skeptisch, was das wohl wieder für eine Masche ist, wie den Frauen da der Kopf verdreht wird. Ich wollte möglichst rechtzeitig Einhalt gebieten. Dann habe ich mir gedacht, ich werde ja sehen, wie meine Frau von der Veranstaltung wieder nach Hause kommt. Sie kam so zufrieden und aufgeräumt zurück. Jetzt werde ich sie unterstützen, dass sie jedes Mal hingeht."

Christa hat eine große Kiste voller solcher Schätze. Angefangen hatte es damit, dass ihr Leben als Kind völlig aus den Fugen geriet. Aber Gott hatte sie an der Hand genommen und sie liebevoll geführt. Er gibt reichlich, das hat sie erlebt. Sie fühlt sich sehr reich, reich an Erfahrungen mit Gott und mit Menschen.

Lieder des Lebens

Als Kind hätte Petra Halfmann nie gedacht, dass die Musik einmal so eine große Rolle in ihrem Leben spielen würde. Als Grundschülerin war sie zu schüchtern, um in die Musikschule zu gehen. Und sie hätte sich erst recht nicht vorstellen können, dass sie heute in verschiedenen Ländern Menschen mit ihren Liedern erfreut. Seit zwanzig Jahren hat sie verschiedene Chöre begleitet und einen großen Chor bei der „Gefährdetenhilfe Scheideweg“ gegründet. Zeitweise sangen fast hundert Leute mit. Sogar ein Musical wurde geschrieben und aufgeführt.

Daneben reist sie gemeinsam mit ihren Freunden durch die Welt. Gemeinsam erzählen und singen sie von Jesus. Es sind besondere Konzerte. Das liegt nicht nur an ihren Liedern. Das Außergewöhnliche ist das Publikum. Die Reise von „draußen“ nach „drinnen“, von der bürgerlichen Welt in die Subkultur der Haftanstalten, tritt Petra mit dem Chor oder mit einer Band mehrmals im Monat an. Mit einem vollgepackten Bus fahren sie los. An der Gefängnispforte müssen alle durch eine Sicherheitsüberprüfung, ähnlich wie am Flughafen. Die Personalausweise bleiben am Eingang.

Dann nimmt der Gefängnispfarrer sie mit in eine andere Welt. Er hat die Schlüssel, kann durch lange Gänge führen und eine Tür nach der anderen aufschließen. Wenn alle durchgegangen sind, wird sorgfältig wieder abgeschlossen.

In den meisten Gefängnissen liegt der Kirchenraum im dritten Stock. Die Truppe muss sich durch das enge Treppenhaus „hocharbeiten“. Noch während die Musikanlage aufgebaut wird, führen Justizbeamte die ersten Männer herein. Der Gefängnispfarrer begrüßt die Konzertbesucher und die Gäste von draußen. Petra setzt sich mit ihrer Gitarre auf einen Barhocker. Sie schaut in die Gesichter der Männer, die ihr gegenübersitzen. Viele sehen aus, als ob sie aus einem anderen Land kommen. Ob sie wohl die deutschen Lieder verstehen werden?

Petra beginnt zu singen. Zwischendurch erzählt sie aus ihrem eigenen Leben. Sie weiß genau: Diesen Zuhörern kann sie nichts vormachen. Ihre Lieder werden an ihrem Leben gemessen. Diese Männer haben eine besondere Lebenserfahrung. Sie erfassen intuitiv, ob jemand echt ist. Mit frommen Sprüchen kommt man hier nicht an.

Auch die anderen Musiker stellen sich vor. Einige von ihnen waren früher selbst kriminell oder nahmen Drogen. Sie erzählen, wie sie durch den Glauben an Jesus aus diesem Sumpf herausgefunden haben.

Die Männer hören aufmerksam zu, wenn Petra ihre selbst geschriebenen Lieder vorträgt. Sie singt von Gedanken, die sich nicht einsperren lassen, von Fragen, die das Leben stellt, und von Sehnsucht nach Leben. Das Lied „Schnee von gestern“ erzählt davon, dass man manche Dinge einfach nicht loswird. Da wird es immer besonders still. Dieses Publikum trägt gerade an den Konsequenzen dessen, was in der Vergangenheit passierte. Hier hat man viel Zeit, darüber nachzudenken. Petra singt auch davon, dass es einen gibt, der größer ist und der die Gedanken kennt.

Nach dem Konzert ist noch Zeit für Gespräche. Manche wollen wissen, ob diese Band auch im Radio zu hören ist. Ein anderer möchte den Text eines Liedes haben. Ein älterer Mann fragt Petra, ob er sich auf Polnisch oder Russisch mit ihr schreiben dürfe. Petra beherrscht diese Sprachen nicht. Aber sie stimmt ein polnisches Lied an. Das berührt den Mann besonders und er übersetzt sofort den Text.

Der Chor hat etliche Lieder in anderen Sprachen in seinem Repertoire. Das kommt daher, dass sie mit ihren Konzerten oft Gefängnisse im Ausland besuchen. Zur Reisevorbereitung gehört es, auch Lieder einzuüben, die zu dem angesteuerten Land gehören. Ihre eigenen Lieder kann Petra nicht in die Landessprache übersetzen. Aber das Reiseteam kann die Lieder dieses Volkes lernen und so zeigen, dass sie ihren Zuhörern ganz nahe sein möchten.

Bis nach Hongkong und in die Mongolei haben sie diese Konzertreisen schon geführt. Gemeinsam sehen sie es als Gottes Auftrag an, gerade den Menschen in den Gefängnissen mit ihrer Musik die Liebe Gottes zu zeigen.

Gott hat Petra im Lauf ihres Lebens auf diese besondere Aufgabe vorbereitet. Das kann sie heute so sehen. Als Kind war sie eher traurig darüber, wie ihr Leben verlief. Sie war die älteste von drei Schwestern. Eine ihrer frühen Erinnerungen an die Kindheit handelt vom Aufenthalt bei einer Pflegefamilie. Da war immer wieder dieses Gefühl, fremd in einer fremden Familie zu sein, und die Sehnsucht nach Hause.

Der Aufenthalt in Pflegefamilien war oft nötig, weil Mama öfters ins Krankenhaus musste. Sie war sehr oft krank. Obwohl sie sich viel Mühe mit den Kindern und dem Haushalt gab, spürte Petra, dass etwas nicht stimmte. Mama war schwach. Manchmal musste der Notarzt gerufen werden. Petra musste dann für ihre Schwestern sorgen.

Das kleine Mädchen machte sich viele Gedanken. Ob sie Mama helfen konnte? Die hatte so viele Krankheiten und musste viele Medikamente einnehmen. Für die Mutter war ihre Älteste oft der Ansprechpartner in ihren Sorgen. „Mit dem Vater kann ich nicht über alles sprechen", erklärte sie dem Mädchen. Petra war eine gute Zuhörerin. Die Mutter merkte nicht, dass sie das Kind damit hoffnungslos überforderte. Und Petra machte sich noch mehr Gedanken.

Obwohl die Eltern nicht besonders gläubige Menschen waren, kümmerte sich der Pfarrer öfters darum, dass die Kinder gut untergebracht wurden. So kam es, dass Petra eine Zeit lang in einer christlichen Familie lebte. Dort hörte sie zum ersten Mal von Gott. Sie lernte erste Kindergebete zu sprechen. Als die Familie wieder zusammen war, führte Petra das zu Hause ein. Jeden Abend betete sie im Bett mit ihren Geschwistern. Der Glaube an Gott begleitete sie fortan, obwohl sie noch nicht erfasst hatte, was es heißt, ein Christ zu sein. Sie glaubte, dass es Gott gibt und dass er hilft. Sie betete viel für ihre Mutter.

Dann kam der Tag ihrer Konfirmation. Sie saß in der

Kirche und dachte: Das ist ein wichtiger Schritt zwischen Gott und mir. Aber wo ist er? So gerne hätte sie erlebt, dass ihre Mutter gesund wurde oder ein anderes Wunder passierte. Sie war weiter extrem schüchtern und sehr ängstlich.

Dann wurde sie in eine Teestube eingeladen. Sie traf entschiedene Christen und begriff, dass es nicht nur um irgendeinen Glauben, sondern um eine persönliche Beziehung ging. Bei einer Großveranstaltung wurde zur Entscheidung aufgerufen. Petra wusste: „Ich bin gefragt." Doch sie wollte sich noch nicht entscheiden. Sie hatte einige Freunde, die mit dem Glauben nichts zu tun haben wollten. Und sie war noch jung und wollte noch viel erleben.

Es war die Zeit der Hippies. Nicht nur die Kleidung war ausgefallen. Man hinterfragte und kritisierte alles. Sie unterhielten sich oft. So spießig wie ihre Eltern wollten sie nicht werden. Die taten alles dafür, dass es ihre Kinder besser haben sollten. Doch Geldverdienen konnte nicht der wahre Sinn des Lebens sein. Dieses bürgerliche Leben lehnten sie ab. Manche nahmen Drogen, um Neues zu erleben. Petra konnte sie verstehen, auch wenn sie selber die Drogen nie probierte. Sie fühlte mit ihren Freunden. Ihre äußere Erscheinung zeigte, dass sie sich gerne zu diesen Freunden hielt. Sie trug geflochtene Strähnen und Perlen im Haar. Sie nähte sich weite lila und altrosa Hängerkleidchen. Sie war genauso flippig und alternativ wie ihre Freunde. Und jetzt sollte sie sich für ein Leben als Christin entscheiden?

Inzwischen spielte die Musik schon eine große Rolle in ihrem Leben. Nachdem sie es als Grundschülerin nicht gepackt hatte, zur Musikschule zu gehen, bekam sie in der fünften Klasse noch eine Möglichkeit. Ihre Schwester wurde krank. Da schickte ihr Vater sie kurzerhand zur Flötenstunde, die eigentlich für die Schwester bezahlt worden war. So lernte sie die ersten musikalischen Grundlagen. Später vererbte ihr Opa ihr ein Klavier und sie nahm Klavierstunden. Gitarrespielen brachte sie sich selbst bei. Mit vierzehn Jahren kaufte sie ihrem Onkel eine alte Gitarre ab.

Ihre Gedanken und Sorgen formulierte sie in eigenen Liedern, die auch manchmal vom Glauben an Gott handelten. Eine ganze Zeit lang wusste sie, dass sie sich für Gott entscheiden sollte. Aber sie schob es hinaus, bis sie eines Tages in ihrem Zimmer saß und Gitarre spielte. Sie sang ein Lied, das sie selbst geschrieben hatte. Da wurde ihr schlagartig klar: „Das, was ich hier von Gott singe, das gilt mir!" Sie betete und versprach Gott, mit ihm zu leben.

Damit waren aber noch lange nicht alle Fragen beantwortet. Wie konnte sie erkennen, was Gott von ihr wollte, zum Beispiel welchen Beruf sie ergreifen sollte? Da sie keine Antwort fand, beschloss sie, zunächst noch das Abitur zu machen. In dieser Zeit merkte sie, wie Gott ihr Herz veränderte. Sie konnte ihre Schüchternheit ablegen. Sie begann bei der Jungschararbeit zu helfen und engagierte sich im Jugendkreis. Auf diese Weise entstanden verschiedene Kontakte. Am Sonntagabend fuhr sie oft in eine Teestube im Nachbarort. Das war ein Angebot für Jugendliche bei der Gefährdetenhilfe Scheideweg.

Kurz vor Weihnachten wurde sie dort gefragt, ob sie nicht zu Weihnachten im Jugendgefängnis singen könnte. „Ich war sehr gespannt, wie das sein würde, wenn so ein junges Mädchen da singt", erinnert sie sich. Es war eine berührende Weihnachtsfeier. Der Raum war voller Menschen und weihnachtlich geschmückt. Es gab sogar etwas zu essen, was sonst nicht möglich war. Nach dem Programm gab es noch die Möglichkeit, mit den Gefangenen zu reden. Die Leute waren in ihren Herzen angerührt.

Von da an fuhr Petra regelmäßig mit zu einer Gefängnis-Kontaktgruppe. Sie knüpfte engere Kontakte mit den Leuten der Gefährdetenhilfe Scheideweg. Zeitweise wohnte sie sogar in einer der Wohngemeinschaften. Dann begann ihr Studium. Musik und Theologie fürs Lehramt hatte sie gewählt. Dank ihrer musikalischen Begabung hatte sie zu der Zeit schon etliche Aufgaben in verschiedenen Gemeinden übernommen. Sie leitete Chöre und unterrichtete Stimmbildung. Einmal wurde sie angesprochen. Einige der Chorsänger wollten wissen, ob sie die Petra sei, die vor ein paar Jahren mit auf der Freizeit war. Das könne doch nicht sein, sagten sie. Da fiel Petra auf, wie sehr der Glaube an Gott sie verändert hatte. Die Leute erinnerten sich an ein schüchternes, stilles, besorgtes Mädchen. Jetzt stand da eine selbstbewusste junge Frau, die einen ganzen Chor dirigierte. So hatte Gott sie verändert! Er hatte ihr geholfen, ihre Sorgen loszulassen. Er hatte ihr eine Aufgabe gegeben, die ihr Leben ausfüllte.

Die Probleme mit Petras Mutter hörten aber nicht auf. Im Gegenteil. Immer wieder wurde sie in Krankenhäuser und manchmal auch in die Psychiatrie eingeliefert. Es war schwierig, ihr zu helfen. Petra hatte alles versucht und fühlte sich ratlos.

Dann kam eine Anfrage von der Gefährdetenhilfe. Dort wurde gerade eine neue Wohngemeinschaft gegründet. Diese Einrichtung nimmt entlassene Häftlinge und Drogensüchtige auf, um mit ihnen zu leben. Gescheiterte junge Menschen sollen hier die Möglichkeit eines Neuanfangs bekommen. Dazu gehört, dass sie ein richtiges Zuhause haben sollen. In so einer Wohngemeinschaft leben die Hauseltern mit ihren Kindern und meist noch eine Praktikantin. Dazu kommen dann vier oder fünf Menschen mit Problemen. Weitere Mitbewohner, die sich einfach als Menschen einbringen, unterstützen die Arbeit.

Petra zog mit Ewa in ein Zimmer. Die hatte immer im Heim gelebt und noch nie Familie und Gemeinschaft erlebt. Das war eine Herausforderung für Petra. Sie versuchte eine Freundschaft zu ihr aufzubauen. Aber Ewa konnte ganz schnell alles wieder kaputttrampeln. Petra musste lernen, das nicht persönlich zu nehmen.

Immer wieder versuchte sie, mit Ewa zu reden. Das war nicht einfach, denn der Kontrast zwischen diesen beiden Frauen war riesig. Petra studierte und musste oft zu Hause am Schreibtisch arbeiten. Ewa arbeitete in der

Fabrik im Akkord. Sie hatte überhaupt kein Verständnis für Petras Leben. In einer so engen Gemeinschaft musste Petra sich immer wieder prüfen: „Rede ich nur fromm, oder lebe ich so?“

Inzwischen ist Petra verheiratet, und ihr Mann arbeitet in der Leitung dieser Einrichtung mit. Ihre Kinder sind fast erwachsen. Nun hat sie die Möglichkeit, noch mehr zu reisen und mit ihren Liedern eine Botschaft in die Welt zu tragen. Petra denkt noch gerne an die Zeit zurück, als sie damals in die Wohngemeinschaft einzog. „Rede ich nur fromm, oder lebe ich so?“ Diese Frage hilft ihr auch im Umgang mit den Inhaftierten. Sie weiß aus ihrem eigenen Leben, was Sehnsucht heißt und wie einsam man mit den Fragen nach dem Sinn des Lebens sein kann.

Ihre Lebensgeschichte war die Vorbereitung für ihren Missionsdienst in Gefängnissen verschiedener Länder. Egal, in welchem Land sie singt, egal, ob sie allein auftritt, mit dem Chor oder mit der Band: Sie kann sehen, wie sich der Gesichtsausdruck der Zuhörer verändert. Die Botschaft der Lieder kommt an. Menschen lassen sich darauf ein, bekommen neuen Mut. „Nun habe ich wenigstens eine Stunde lang vergessen, dass ich im Gefängnis bin“, sagte einer der Häftlinge. Ein Anstaltsleiter in Kenia freut sich jedes Mal, wenn die deutsche Gruppe kommt. „Euer Einsatz hat die Atmosphäre in unserer Einrichtung verändert“, bekennt der Mann.

Petra sieht die Konzerte wie das Aussäen einer guten Saat. Was wirklich aufgeht, das bleibt oft verborgen.

Aber allein die Gesichter der Männer erzählen genug davon, was Petras Lieder, die Besuche des Teams und die Zuwendung zu den Menschen bewirken. „Man kommt an einen Ort, wo viel Dunkelheit ist, und bringt dort Licht hin“, so empfindet Petra ihre ungewöhnliche Aufgabe. Sie ist überzeugt davon, dass ihre schwierige Kindheit die Vorbereitung dafür war, dass sie jetzt für Gott unterwegs sein kann.

Nichts ist Zufall

Ruth Schmid ist ein Schatz. In ihrer Gemeinde kennt man sie als freundliche, immer gut gelaunte und hilfsbereite Frau. Wenn es Aufgaben gibt, sagt sie schnell Ja, denn sie möchte mit ihrem Leben Jesus dienen. Sie leitet die Jungscharmitarbeiter an, organisiert das Sommerlager, singt im Kirchenchor und war auch beim Missionseinsatz in Costa Rica dabei. Man könnte meinen, diese Frau sei immer auf der Sonnenseite des Lebens.

Sie selbst sagt, dass sie gelernt habe zu sehen, worauf es ankommt. Darum hat sie immer ein offenes Haus. Man braucht nicht einmal zu klingeln, wenn man sie besuchen will.

„Wenn jemand zu mir kommt und ein paar Worte reden will, dann ist das viel wichtiger als die Bügelwäsche. Die kann liegen bleiben." Schnell wird eine Tasse Kaffee gekocht. „Ich habe gelernt, Wichtiges von Unwichtigem zu unterscheiden. Man muss sehen, worauf es wirklich ankommt und was äußeres Tamtam ist. Über Kinkerlitzchen kann man großzügig hinwegschauen. Das lernt man", sagt sie.

Wie das ganz praktisch aussieht, kann sie gut erklären. „Ob ich meinen Urlaub zu Hause oder bei Freunden verbringe, ob ich dieses oder jenes Auto fahre, welche Tapete oder welcher Vorhang in meine Wohnung kommt, das ist doch alles nicht so wichtig." Selbst die Frage, ob andere pünktlich sind oder ob sie warten muss, ist für sie zweitrangig.

Diese Einstellung ist durch einen tiefen Glauben gewachsen. Ruth glaubt, dass nichts im Leben zufällig ist. Gott hat die Finger im Spiel. Es geschieht, was er will, und das macht ihr Leben spannend. Ruth sieht sich als Mitarbeiterin in Gottes Welt. Das gibt ihr Halt und macht sie unabhängig von der Meinung anderer.

Das hört sich alles ganz einfach an. Wer Ruth nicht kennt, ahnt nicht, welchen Weg Gott sie geführt hat. Sie selbst hätte nicht gedacht, dass man diesen Weg gehen kann.

Den Glauben hatte sie schon von Kind an als etwas Tragendes mitbekommen. Ihre Kindheit und Jugend waren sorgenfrei. Dann wurde ihre Mutter krebskrank. Sie starb in dem Jahr, in dem Ruth heiratete.

Ihre Ehe mit Reiner schenkte Ruth viele schöne Jahre. Sie brachte vier Kinder zur Welt, drei Buben und ein Mädchen. Nachdem sie ihre Mutter so früh verloren hatte, war es für Ruth keineswegs selbstverständlich, dass alle gesund waren und es ihnen gut ging. Sie hatte gelernt, den Augenblick als etwas Kostbares wahrzunehmen. Ihren Alltag erlebte sie als sorgenfrei und so, dass sie mit Leichtigkeit und unangefochten ihren Glauben leben konnte.

Reiner war von Beruf Vermessungstechniker. Wenn er nachmittags von der Arbeit nach Hause kam, dann kochte Ruth einen Kaffee. Jeden Tag setzten sich die beiden zusammen und redeten ein halbes Stündchen miteinander. Sie genossen die gemeinsame Zeit.

Im Jahr 2003 feierten sie und ihr Mann den achtzehnten Hochzeitstag. Die Kinder waren elf, zwölf, fünfzehn und sechzehn Jahre alt, also aus dem Gröbsten heraus, wie man so sagt. Der Hochzeitstag fiel auf einen Wochentag. Das Fest begingen sie bewusst mit einem schönen Essen. Sehr viel Zeit blieb nicht, denn es war Sommer. Reiners Familie hat ein Bauerngut. Die Mühle liegt nur ein paar Häuser weiter. Reiners Bruder hat den Hof von den Eltern übernommen. Im Sommer wurde dort jede Hand gebraucht. Reiner und auch die Kinder waren jeden Tag dort, um zu helfen. Er brach also auch am Hochzeitstag nachmittags auf. Nur die Tochter war diesmal nicht dabei.

Es war die Zeit der Sommergerste. Das erste Stroh wurde eingebracht. Ruth machte sich auf den Weg zu einem Besuch. Während sie bei ihrem Vater saß, hörte sie plötzlich das Martinshorn. Vom Fenster aus sah sie, wie ein Hubschrauber landete. Das musste in der Mühle sein. Ruth rannte auf den Hof. Die Leute kamen ihr schon entgegen. „Reiner ist verunglückt", sagte man ihr.

Die Männer hatten Strohballen ins Stockwerk der Scheune bringen wollen. Da war aus unerklärlichen Gründen das Förderband umgekippt, direkt auf Reiners Brustkorb. Er war sofort bewusstlos. So fand ihn Ruth. Sie nahm ihn in ihre Arme, damit er spüren sollte: Sie war jetzt da. Dann wurde sie ins Haus geschickt. Die Sanitäter starteten ihre Wiederbelebungsversuche. Sie erreichten nichts. Eigentlich war klar, dass nichts mehr zu machen war. „Da sitzt man und denkt: Das war es erst mal. Mein erster Gedanke war: Wenn Gott mir den Mann nimmt, dann muss er mir auch die Kraft geben", erinnert sich Ruth. Heute weiß sie, dass man so etwas nur im ersten Moment sagen kann, wenn man noch nicht weiß, was auf einen zukommt.

Ruth hatte eine Bitte an die Rettungskräfte. Sie wollte ihren Mann selbst auf die Trage legen, wenn er gestorben war. Das war ihr wichtig und sie ist froh, dass sie es so gemacht hat. Daran erinnert sie sich heute noch.

Der Geruch des Strohs ist noch in ihrer Nase. Es war ihre Art, Abschied von ihrem geliebten Mann zu nehmen. „Ich konnte ihn noch spüren, das war mein Abschiednehmen von ihm, der letzte Liebesdienst, den ich ihm leisten konnte. Ich konnte ihn noch einmal anfassen, war bei ihm bis zuletzt", so empfand sie es.

Als der Sarg dann auf dem Friedhof in der Zelle stand, war alles so kalt, so leblos, so endgültig. Erst an dieser Stelle brach der ganze Schmerz in ihr auf.

Wie im Traum erlebte Ruth, was sich bis dahin abspielte. Es waren so unzählig viele Leute auf dem Hof: die Polizei, das Rote Kreuz, Bekannte und Freunde. Die Formalitäten erledigte sie, als ginge es sie nichts an.

Den ersten Halt fand sie an unerwarteter Stelle. In jenen Wochen hatten sie einen Gast aus Kolumbien im Haus. Arnulfo war Priester und wollte in Deutschland mit anderen die Sprache lernen. Man hatte eine Unterkunft für die fünfundzwanzig Geistlichen gesucht. Tagsüber besuchten sie die Volkshochschule, abends lebten sie mit den Gastfamilien zusammen. Mit den ausländischen Gästen hatten sie vorher fröhlich gefeiert. Nun konnte Ruth ihren Schmerz mit ihnen teilen. Die Priester kamen alle ins Haus, trauerten und beteten mit ihr, den Kindern und Freunden – auf Deutsch, Englisch oder Spanisch, jeder auf seine Weise.

Es war für Ruth ein völlig fremdes Erleben: Trotz der verschiedenen Sprachen und der ganz anderen Art war da Glaube, Gemeinschaft, Anteilnahme und Trost. Diese Erfahrung prägte sich bei Ruth tief ein. Es tat so gut, diesen gläubigen Mann Arnulfo im Haus zu wissen. Seine Art, den Glauben zu leben und die Familie zu begleiten, zeigte, dass Gottes Geist da war. Das gab Ruth Halt für die ersten Schritte. Auch für die Kinder war es eine Entlastung. Sie konnten auf den Hof gehen und mussten sich nicht um ihre Mutter sorgen. Sie wussten ja: Arnulfo war da.

Die Beerdigung wurde ein schwieriger Tag für alle. Die Kinder überlegten zunächst, ob sie ihren Papa im Sarg noch einmal sehen wollten. Ruth machte ihnen Mut. Man muss sich dem Tod stellen und der Wirklichkeit, dass das Leben hier ein Ende findet. Da flossen viele Tränen.

Das Leben auf dem Bauernhof musste weitergehen. Die Kühe mussten versorgt werden, das Getreide gedroschen, das Heu eingefahren. Ruths Schwager und die Kinder mussten weiterarbeiten, auf Gedeih und Verderb. Es gab keine Zeit, um zu erstarren. Am gleichen Ort musste weitergearbeitet werden. So wurde Segen und Fluch der Arbeit sichtbar. Jemand stirbt, aber es darf keinen Stillstand geben. Ruth erlebte das als eine Art, mit dem Tod fertig zu werden. Sie ist froh und dankbar dafür, dass sie den Unfall nicht mit eigenen Augen gesehen hat. Gott hat es gut gemacht, kann sie trotz allem sagen.

Durch die Waisen- und Witwenrente konnte ihr Familienalltag weiterlaufen. Gott hatte vorgesorgt. Anfangs dachte sie noch oft, dass ihr Reiner gleich von der Arbeit nach Hause kommen müsste. Manchmal meinte sie ihn zu sehen. Wenn ein Mann seiner Statur auftauchte, dann dachte sie schnell: Da kommt er ja. „Das kriegt man nie ganz weg, und man muss es auch nicht loswerden“, sagt sie heute.

Im Rückblick auf jene traurigen Tage spricht Ruth von vielen guten Erfahrungen. Unerwartet viel Anteilnahme kam ihr von allen Seiten entgegen, sodass sie fast beschämt war. Viele Leute lernte sie nun von einer ganz anderen Seite kennen. Jetzt weiß sie, dass Freundschaft nicht daran hängt, ob jemand zu jeder Geburtstagsfeier kommt. Viel schwerer wiegt es, in der Not Beistand zu geben.

Immer wieder kam jemand vorbei und brachte eine Kleinigkeit. Mal waren es frische Brötchen, mal ein Brief, mal ein Büchlein oder gar ein Geldschein. Das war für sie nie selbstverständlich. Es machte sie Gott und Menschen gegenüber dankbar.

Die Geschenke stellte Ruth zunächst ins Regal. Ein halbes Jahr später war Weihnachten. Wenn Reiner nicht verunglückt wäre, dann hätte er seine Familie sicher beschenkt. Diesmal öffnete Ruth am Heiligabend die

Geschenke, die sie in den letzten Monaten gesammelt hatte. „Die nehmen wir jetzt als Geschenk vom Papa", sagte sie ihren Kindern.

In ihrer Erinnerung ist der Todestag kein ganz schwarzer Tag. An dem Tag, an dem sie ihre Silberhochzeit gefeiert hätten, trank sie allein ein Gläschen Sekt. Natürlich waren da auch Wehmut und Sehnsucht. Trotzdem überwiegt für Ruth die dankbare Erinnerung.

Manchmal überwältigt sie noch der Schmerz. Zum Beispiel im Kirchenchor. Die Texte der Lieder kommen plötzlich ganz anders zum Tragen. „Da kommt einem schon das Heulen und das kann man nicht verdrücken", sagt sie. Doch ebenso oft half es ihr, wenn Loblieder angestimmt wurden, obwohl ihr gar nicht nach Loben zumute war. Beim Üben sangen sie die Lieder so oft, bis es in ihrem Herzen wieder hell wurde. Wie treffend empfand sie die Worte der uralten Gesangbuchlieder. „Weiß ich den Weg auch nicht, du weißt ihn wohl", das war doch ihre Situation. Oder: „Befiehl du deine Wege und was dein Herze kränkt der allertreusten Pflege des, der den Himmel lenkt." Was sollte sie sonst tun? Und ebenso galt: „Ich will den Herren loben mein Leben lang" und „Dank sei dir, ja Dank sei dir, o Herr".

Eine besondere Herausforderung wurde die Buchhaltung für sie. Ob Überweisungen, Rechnungen oder Steuererklärung, das hatte alles Reiner gemacht. Nun musste sie sich selbst hineinfinden.

Zum Glück hat sie einen Bruder, der ihr hilft, wenn's nötig ist.

Den Alltag als Alleinerziehende zu bewältigen war eine immer neue Herausforderung. Besonders wenn bei den Kindern Entscheidungen anstanden oder nicht alles glattlief, sehnte sie sich so sehr nach dem Rat ihres Mannes. Nun musste sie alle Entscheidungen allein treffen. Reiner hatte immer einen festen Standpunkt. Er würde sicher manches anders machen.

Ruth trug in diesen Monaten die traditionelle schwarze Trauerkleidung. Es war nicht nur eine Äußerlichkeit. Das Trauerjahr ist gar nicht so unsinnig, wie man denkt, stellte sie fest. Die Trauerkleider empfand sie als eine Art Schutz. Da wussten die Leute gleich, was mit ihr los war, und sie brauchte niemandem etwas zu erzählen. Manchmal wurde sie auch von anderen Trauernden angesprochen.

„Das erste Mal allein", diese Worte hatten im ersten Trauerjahr ihre besondere Bedeutung. Viele Dinge hatte sie nun das erste Mal allein zu bewältigen, zum Beispiel die Obsternte, den TÜV fürs Auto, große Geburtstagsfeiern. Später fuhr sie das erste Mal allein in Urlaub. Als das Trauerjahr um war, sagte sie sich: Jetzt hab ich es geschafft, jetzt will ich frisch und mit neuen Farben das Leben weiter gestalten.

Am meisten vermisst sie ihren Mann aber nicht im Urlaub, sondern im Alltag. Extreme Situationen wecken die Wehmut. Trauriges und Fröhliches, Hochzeiten oder Taufen, der Meisterbrief ihrer Tochter, das sind die Umstände, wo sie ihren Reiner besonders vermisst. Man darf es zulassen, dass der Schmerz einen einholt, sagt sie.

Das bedeutet nicht, dass man hadert. „Ich will es nehmen, wie es ist, aber anders wäre es mir lieber gewesen", sagt sie.

Sie ist sich sicher, dass alles an Gottes Augen vorbeigegangen ist. Es war keine Strafe, sondern ein Weg, um Gott näherzukommen. So kann sie es sehen, weil sie so „viele unheimlich schöne Erfahrungen" machen durfte, bevor der „Hammerschlag" kam. Diese kostbaren Erinnerungen pflegt sie wie einen Schatz.

Da ist zum Beispiel der Teddybär in ihrem Bett. Sie hatte sich immer so einen gewünscht, aber ihre Eltern hatten ihr nie einen geschenkt. Doch von Reiner hatte sie ihn bekommen. Nun erinnert der Teddy Ruth an ihren Mann. Sie kann ihn in den Arm nehmen und drücken.

Ohne Jesus könnte sie sich ihr Leben heute nicht vorstellen. Der Satz „Gott macht es gut" ist zu ihrem Leitwort, ihrer inneren Haltung geworden. Man kann ihn auf dreifache Weise betonen. Das buchstabiert Ruth immer wieder einmal: „Gott – macht es – gut." „Auf jeden Fall macht *Gott* es gut und nicht ich, auch wenn ich manchmal lange warten musste", sagt sie sich immer wieder.

Manchmal fragt sie sich, wie Reiners Tod ihr Leben mit Gott beeinflusst hat. Sie hatte sich doch entschieden, Jesus zu folgen. Er sollte an erster Stelle in ihrem Leben stehen. Reiner zuliebe hätte sie manches getan, fraglos. Aber hätte sie das auch für Jesus getan? „Wenn es darum geht, etwas für Jesus zu tun, dann zögere ich manchmal", schätzt sie selbstkritisch. Kann sie ihre Liebe zu Jesus an der Liebe zu ihrem Partner messen? Oder stimmte es dann doch nicht, dass Jesus die erste Stelle gebührte? Der Verlust ihres Mannes hat Ruths Glauben verändert. Nun ist Jesus viel mehr an die erste Stelle gerückt. Dahin, wo früher ihr Mann war. „Das hätte mir Gott aber auch anders sagen können und mir meinen Mann lassen. So werde ich in der Erinnerung an meinen lieben Mann gleichzeitig an mein Verhältnis zu Jesus erinnert. Das macht mich stark", sagt Ruth. Sie weiß sich vor Gott verantwortlich, das ist der Maßstab für ihre Entscheidungen. Sie weiß, dass nicht alle die gleiche Sicht haben, aber das stört sie nicht.

Sie ist Gottes Mitarbeiterin und als solche ein Schatz für ihre Umwelt. „Alle Fröhlichkeit, allen Lebensmut, die vielen treuen Freunde, all das habe ich allein Gott zu verdanken, und das ist so schön, nichts ist selbstverständlich, sondern alles Geschenk, Gottes Güte", betont sie.

Die Berufung

Als Diakonisse ist Schwester Gisela Nowack vielen Christen bekannt. Zahlreiche hauptamtliche Mitarbeiter wurden von ihr geprägt, weil sie ihre Erfahrungen in der Kinderarbeit in Seminaren vermittelte. Sie begleitete junge Frauen bei der Ausbildung im Mutterhaus ebenso wie Freizeitgäste. Was nur wenige wissen: Sie hat auch schon viele Menschen auf ihrer letzten Wegstrecke begleitet. Wie wurde aus dem Mädchen Gisela die Diakonisse, die für so viele Menschen ein Segen war?

Wenn man sie fragt, dann erinnert sie sich besonders an eine Erfahrung aus ihrer Kindheit. Es war im Winter 1947/48. Die elfjährige Gisela konnte plötzlich nicht mehr gehen. Ihre Knie und auch die Handgelenke wurden steif. Gelenkrheumatismus legte den jungen Körper lahm. Keiner konnte helfen. Ihre Eltern waren schockiert. Jeden Tag trugen sie ihr Mädchen vom Bett aufs Sofa. Hausmittel halfen nicht, auch wenn sie noch so seltsam waren. Heute erinnert sich Schwester Gisela an unbearbeitete Schafwolle, die auf ihre Gelenke gelegt wurde. Das war kein angenehmer Geruch.

Da kam Schwester Olga, die Gemeindeschwester, ins Haus. Sie sorgte für einen Kinderarzt. „Du musst wieder laufen lernen. Ich helfe dir dabei“, sagte die Diakonisse. Mehrmals in der Woche kam sie und massierte Giselas Beine. Die Eltern freuten sich über die Hilfe, doch sie machten sich auch Sorgen. Wer sollte das bezahlen? In der Nachkriegszeit musste jeder sehen, wie er durchkam. Doch Schwester Olga tröstete sie: „Das kostet nichts. Ich bin Diakonisse und tue meinen Dienst für Jesus Christus.“ Sie erklärte, wie ihr Dienst finanziert wurde. Giselas Mutter war erleichtert.

Gisela horchte auf. Was war eine Diakonisse? Sie sollte bald noch mehr solche Frauen mit der besonderen Kleidung und einer weißen Haube kennenlernen.

Schwester Olga organisierte eine Kur für Gisela. Weit weg von zu Hause lernte das Mädchen eine ganz andere Welt kennen. Moorbäder, Ganzkörpermassagen und andere Behandlungen füllten hier ihren Tag. Gisela lernte wieder gehen.

Weil noch so viele Rheumaknoten da waren, wurde die Kur auf acht Wochen verlängert. Das waren acht lange Wochen, weit weg von zu Hause. Die Kinder wurden von Diakonissen betreut. Manche von ihnen waren sehr streng. Gisela erlebte Drill, aber auch ganz liebe Schwestern, die sich Zeit nahmen und freundlich mit den Kindern redeten. Sie lernte eine ganz andere Art zu glauben kennen. Ihre Mutter hatte ihr wohl einige Kindergebete beigebracht, und sie hatte während des Krieges auch davon gesprochen, dass man Gott seine Gedanken frei sagen darf. Die Kinder sollten für den Vater beten, der im Krieg war. Aber so, wie die Schwestern im Kurheim beteten, das hatte die Elfjährige noch nie erlebt.

Oft wurden biblische Geschichten erzählt, die Gisela noch nicht kannte. Einmal fragte eine Schwester, was Ostern bedeutete. Gisela wusste keine Antwort. Sie kannte nur die Ostereier. Die anderen Kinder wussten mehr. Manche Schwestern verstanden gut, wie sie die Kinder anspornen konnten. Abends gab es einen Wettbewerb, wer seine Sachen am schönsten zusammenlegen konnte. „Bis ins Erwachsenenalter habe ich meine Sachen abends so hingelegt wie damals im Kurheim", schmunzelt Schwester Gisela heute.

Neben dem Kinderheim wohnten Russen. Die Sowjetunion hatte dort Soldaten stationiert. Wie erschrak die kleine Gisela, als sie sich eines Tages verlaufen hatte! Sie hatte doch solche Angst vor diesen Männern. Da kam ein russischer Offizier auf sie zu und sprach sie an: „Kind, wo willst du hin?" Dann begleitete er sie ein paar Schritte, bis sie wieder auf dem richtigen Weg war. Dieses Erlebnis nahm ihr die Angst vor Menschen.

In den acht Wochen fern von zu Hause bekam Gisela noch etwas ganz anderes mit auf den Weg. Etwas, was ihr Leben grundlegend veränderte. Manchmal kam abends eine Schwester. Sie setzte sich zu den Kindern und erzählte ihnen eine Geschichte. Oft fragte sie die Kinder, wie es ihnen ging. Sie strahlte so viel Liebe aus. So wurde für Gisela ausgeglichen, was ihr sonst an Strenge den Aufenthalt schwer machte.

Als die Kur zu Ende ging, nahm eine von den Schwestern die Kinder zusammen. Sie fragte: „Gibt es etwas, woran ihr euch gern erinnern werdet?" Sie ermutigte die kleinen Kurgäste, das festzuhalten, was sie mit Gott erlebt hatten. Sie sollten sich etwas vornehmen, was sie zu Hause noch beibehalten wollten.

Für Gisela war es eine neue Erfahrung zu wissen, dass Jesus auferstanden ist und dass man mit ihm alles besprechen kann. Sie wusste jetzt: „Jesus begleitet mich durch mein Leben." Etwas nahm sich das Mädchen fest vor: Sie wollte zu Hause weiter beten.

Für ihre Familie war das sehr befremdlich, wenn Gisela nun vor dem Essen immer ein Gebet sprach. Mit einem Lächeln nahm man es hin. Zunächst war es für Gisela auch nicht einfach, laut zu beten. Aber sie wollte Jesus danken und zeigen, dass Gott ihr wichtig geworden war.

Die Liebe zu Jesus wuchs in den folgenden Jahren. Mit Schwester Olga stand die Familie auch weiterhin in Kontakt. Gisela nutzte die Gelegenheiten, um mit der Diakonisse über Jesus zu sprechen und noch mehr über ihn zu lernen. Die Krankheit im Kindesalter legte den Grund für einen Glauben, der später das ganze Leben von Gisela bestimmte.

Als Jugendliche ging Gisela in die „Junge Gemeinde". Es war die Zeit um den 17. Juni 1953. In der DDR gärte es. Der Volksaufstand war das äußere Zeichen für die Stimmung im Land. Sowjetische Truppen schlugen ihn nieder. Die „Junge Gemeinde" war vom Staat nicht gern gesehen. Studenten, die das Bekenntniszeichen mit dem Kreuz auf der Weltkugel trugen, kamen schnell mal ins Gefängnis.

Gisela engagierte sich sehr für ihre „Junge Gemeinde" im Dorf. Wenn die Jugendstunde zu Ende ging, fassten sich die Jugendlichen an den Händen und machten sich

Mut mit den Worten: „Schließet die Reihn, treu lasst uns sein, trifft uns auch Spott, treu unserm Gott.“

Wenn sie das Pfarrhaus verließen, konnte es passieren, dass da Gleichaltrige standen, die in der FDJ, der staatlichen Jugendorganisation, waren und die jungen Christen anpöbelten. Es war schmerzhaft zu erleben, wie frühere Freundschaften zerbrachen. Das waren doch die Schulkameraden, mit denen Gisela groß geworden war. Mit ihnen hatte sie immer gespielt und manche Dummheiten gemacht. Sie erinnert sich, dass sie als Kinder sogar einmal versucht hatten, Schwester Olga zu ärgern. Im Sprechchor hatten sie ihr nachgerufen: „Wir tanzen wieder Polka wie früher Tante Olga …“ Nun waren diese alten Freunde auf der anderen Seite.

Gisela begann, in der Bibel zu lesen. Sie las, dass Jesus davon schon wusste. „Selig seid ihr, wenn euch die Menschen um meinetwillen verschmähen und verfolgen“, stand da. Trotzdem hatte Giselas Mutter Angst um ihre Tochter.

Einmal wurde Gisela gewarnt. „Du stehst auch auf der Liste als Leiterin der Jungen Gemeinde. Pass auf, wenn du so weitermachst, kann das gefährlich werden“, hatte ihr ein Junge von der FDJ gesagt.

Gisela wusste, mit wem sie darüber sprechen konnte. Das war Schwester Olga. Von nun an kam die Schwester jede Woche und leitete das Treffen der „Jungen Gemeinde“. Sie gab den Jugendlichen viele praktische Hilfen zum Leben und zum Glauben mit. Gisela entdeckte durch sie, dass Christsein nicht daran hing, dass man viele Vorschriften einhielt. Schwester Olga konnte die Liebe Gottes in den Vordergrund rücken. Das tat Gisela gut. Sie machte ihren Glauben ganz fest an Jesus Christus, der für ihre Schuld gestorben war.

Die Diakonisse verstand es auch, die jungen Mädchen in die Gemeindearbeit einzubeziehen. Gisela wurde beauftragt, Kinderstunden zu halten. Gemeinsam übten die Mädchen Theaterstücke ein und führten sie in der Gemeinde auf. Schwester Olga schickte sie sogar zu alten Menschen zum Hausbesuch. Es wurde viel gemeinsam gesungen und gelacht.

Weil fast alle Mädchen zu Hause oder auf den Bauernhöfen mitarbeiten mussten, konnten sie im Sommer nie in Urlaub fahren. So ging es auch Gisela. Ihre Eltern hatten eine Bäckerei. An Urlaub war nicht zu denken. Darum organisierte Schwester Olga Tagesausflüge mit einem Bus. So lernten die Mädchen viele schöne Orte ihrer Heimat kennen und kamen aus ihrem Dorf heraus.

Sie sollten sich aber auch fragen, ob für sie ein Leben als Diakonisse in Frage käme. Darauf kam Schwester Olga immer wieder zu sprechen. Gisela dachte: „Nein, ich will nicht Diakonisse werden. Es reicht doch, wenn ich mit Jesus lebe. Ich möchte heiraten, vielleicht einen Pfarrer, Kinder bekommen und in der Gemeinde mitarbeiten." Diakonisse wurde man doch erst, wenn man etwas ganz Schlimmes erlebt hatte, sehr krank war oder am Rande des Todes stand. Das war ihre Vorstellung.

Auf dem Kirchentag hatte sie einen jungen Mann kennengelernt. Zusammen mit anderen jungen Leuten hatte sie so viel Spaß gehabt. Dann kam sogar ein Brief von ihm! Gisela erzählte Schwester Olga von ihrer Freude. Die freute sich nicht mit. „Keine will dienen“, war ihr Einwand. Dann führte sie den Apostel Paulus ins Feld. Der hatte geschrieben: „Heiraten ist gut, nicht heiraten ist besser.“

Das konnte Gisela nicht verstehen. Warum sollte ihre Ehe nicht gut werden? Gisela begann in der Bibel zu suchen. In jener Zeit machte die „Junge Gemeinde“ einen Ausflug zum Sächsischen Gemeinschafts-Diakonissenhaus „Zion“ nach Aue. Ein junger Pfarrer predigte dort über die Berufung der Jünger. „Jesus ruft jetzt. Da muss man nicht erst ein schweres Erlebnis haben“, sagte er.

Dieser Satz traf Gisela. Sie hatte Gott um Klarheit gebeten. Nun hatte er deutlich geredet. „Lieber Gott, das kann nicht sein“, dachte sie. Vor Aufregung bekam sie so starke Kopfschmerzen, dass sie sich hinlegen musste. Die anderen fuhren allein in den Nachbarort zu einer Besichtigung.

Aber Gisela war immer noch nicht überzeugt. Sie wollte genau wissen, was Jesus selbst dazu sagen würde. Zu Hause fand sie ein Wort in der Lutherbibel, Matthäus 19,12. Da hieß es, dass manche Menschen um des Himmelreiches willen auf die Ehe verzichteten. „Wer es fassen kann, der fasse es.“ Das war die entscheidende Antwort. Sie gab ihr Leben in die Hand Jesu, um ihm als Diakonisse zu dienen.

Bei einer weiteren Reise lernte sie einen netten Theologiestudenten kennen. Gott legte ihr noch einmal beide

Wege vor und sie sollte sich erneut entscheiden. Wollte sie dem Ruf Gottes folgen oder wollte sie einen anderen Weg gehen? Sie entschied sich für ein Leben als Diakonisse. Aber es dauerte noch einige Jahre, bis sie von zu Hause wegkonnte. Giselas Vater wurde schwer krank. Schwester Olga begleitete die Familie auch beim Tod des Vaters. Gisela wollte ihre Mutter nicht allein lassen. Der Bruder führte die Bäckerei weiter. Auch er brauchte Giselas Hilfe im Geschäft. Die Schwesternschaft und Gisela beteten um eine gute Frau für den Bruder. Er fand sie tatsächlich. Bis heute hält die Schwägerin für Gisela die Verbindung zum Elternhaus.

Sieben Jahre nach ihrer Entscheidung für den Dienst als Diakonisse wurde der Weg frei und Gisela konnte in die Schwesternschaft eintreten. Sie wurde an eine Bibelschule gesandt, danach absolvierte sie noch eine Ausbildung als Religionspädagogin.

Zuerst arbeitete sie in einer örtlichen Gemeinde. Später übernahm sie Aufgaben im Mutterhaus, sie hielt Christenlehre für die Kinder in einem Neubaugebiet, in dem viele Menschen nicht mehr zur Kirche gehörten. Sie leitete Kinder- und Jugendrüstzeiten, Seminare, arbeitete in der Gästearbeit im Diakonissenhaus und übernahm Aufgaben innerhalb der Schwesternschaft.

Sie wurde für viele zum Segen. „Das hätte ich nie von dir gedacht. Du wolltest doch nie zu den Leuten gehen. Du hast immer ängstlich nach dem Weg gefragt und wo dort die Haustür sei“, wunderte sich später ihre Mutter. Auch Gisela selbst staunt, was Gott aus ihr gemacht hat.

Zu Hause war sie tatsächlich diejenige, die nicht weggehen wollte.

Neben aller Arbeit mit Menschen braucht sie immer einmal etwas Abstand und die Stille mit Gott. Oft betet sie darum, dass Gott ihr hilft, achtsam mit Menschen umzugehen und möglichst niemanden zu verletzen. Heute lebt Schwester Gisela im tätigen Ruhestand. Im Mutterhaus gibt es noch viel Arbeit für sie. Das muss wohl so sein, wenn man sich von Gott den Platz anweisen lässt.

Die Kraft der Vergebung

Lydia wollte unbedingt Krankenschwester werden. Das war damals gar nicht so einfach. Denn sie wurde in der Kriegszeit geboren und hatte sieben Geschwister. Es war nicht ungewöhnlich, dass die Eltern eines ihrer Kinder bei anderen Familienangehörigen aufwachsen ließen. So kam sie als Zwölfjährige zu Tante Ida.

Ihr Bruder war schon ein Jahr früher dort aufgenommen worden. Die Tante hatte ein Handarbeitsgeschäft. Es lief gut. Sie beschäftigte immer einige Frauen, die für andere nähten und strickten, und hatte viel zu tun. Da sie selbst keine Kinder hatte, verwöhnte sie Lydia mit Geld und Geschenken. Die Mutterliebe konnte sie nicht ersetzen. Sie wahrte eher einen gewissen Abstand. Dennoch gab sie Lydia viel mit, besonders zeigte sie ihr, wie sie Schwierigkeiten durchstehen konnte.

Tante Idas Mann war viel krank. Er lag oft im Bett, und meist war er unausstehlich. Besonders Lydias Bruder machte er das Leben schwer. Er konnte dem Onkel nichts recht machen. Lydia mochte er schon eher. Sie durfte ihm auch schon mal etwas Kritisches sagen, er akzeptierte sie.

Da die Tante berufstätig war, mussten die Kinder viel helfen. Lydia war für den Garten zuständig und hatte auch im Haushalt jede Menge Aufgaben. So lernte sie schon als Kind, zielstrebig zu arbeiten.

Sie bekam aber noch etwas ganz Spezielles mit. Das

brachte ihr die Tante nicht absichtlich bei. Das konnte Lydia beobachten. Wenn der Onkel im Bett lag und es ihm besonders schlecht ging, war er auch zu seiner Frau nicht freundlich. Manchmal kamen Tante Ida dann die Tränen, wenn er wieder grundlos auf sie schimpfte. Lydia beobachtete, wie die Tante aus dem Zimmer trat. Sie blieb kurz stehen, schnäuzte sich und weiter ging es, als wäre nichts geschehen. Später erinnerte sich Lydia oft daran, wenn sie selbst gekränkt wurde.

Nach der Schule blieb Lydia zuerst bei der Tante. Die brauchte sie. Eine Ausbildung war für Mädchen damals nicht vorgesehen. Die heirateten ja, da brauchten sie nichts zu lernen.

Lydia aber wollte unbedingt Krankenschwester werden und dann in die Mission gehen. Sie bekam eine Ausbildung in der nächsten großen Stadt und war glücklich. Nun fehlte nur noch die theologische Ausrüstung. Sie meldete sich bei einer Bibelschule an. Dort lernte sie Hermann kennen. Er schloss die Ausbildung vor ihr ab und bekam eine Stelle als Prediger einer kleinen Freikirche. Dafür musste er ins Gebirge ziehen.

Lydia fühlte sich zu ihm hingezogen. Er war klug und er war Christ. Das war ihr wichtig. Ein Jahr lang waren die beiden verlobt. Um Hermann etwas näher zu sein, nahm Lydia nach der Bibelschule eine Stelle in einem Krankenhaus in seiner Nähe an. Sie erinnert sich, wie sie damals eine der Schwestern ansprach: „Was ist mit Ihnen los? Sie sehen aus, als ob Sie den ganzen Tag gequält würden.“ Das hatte sie gut beobachtet.

Lydia war sich nicht sicher, ob sie diesem Mann gerecht werden konnte. Es würde nicht leicht sein, mit Hermann zusammenzuleben. Er war so ganz anders als die anderen Männer. Aber sie mochte ihn sehr. So heiratete sie mit einem lachenden und einem weinenden Auge und zog zu ihm ins Gemeindehaus.

Die Menschen im Gebirge haben ihre eigene Prägung. Alle erwarteten, dass die Predigerfrau in der Gemeinde mitarbeitete. Es gab jede Menge zu tun. Sie übernahm ganz selbstverständlich die Kinderstunden und viele andere Aufgaben. Das füllte ihr Leben aus. Sie wollte gerne mittun.

Auch Hermann stellte Ansprüche an sie. Aber er redete kaum mit ihr. Er war so still, so verschlossen. Es dauerte eine ganze Zeit, bis Lydia begriff: Dieser Mann wollte nicht reden. Sie hatte keine Wahl, sie musste lernen, mit seiner Art umzugehen.

Einmal kam Hermann nach Hause und sagte: „Du musst dich um den Frauenkreis kümmern. Die Frauen machen nicht mit. Ich weiß nicht, woran das liegt."

„Die Frauen reden nicht, weil du der Prediger bist und alles besser weißt", so schätzte Lydia das ein. Sie sollte recht behalten. Lydia übernahm den Kreis. Bis heute ist sie mit den Frauen im Gespräch. Sie sagt ihnen, dass sie auch keine fertigen Antworten hat. Dann sprechen sie gemeinsam über das Thema.

Ein Jahr nach der Hochzeit wurde Ivonne geboren, und gleich ein Jahr später kam Reiner zur Welt. Der Junge wurde mit einem Klumpfuß geboren. Hermann konnte sich nicht damit abfinden. „Wir müssen hier weg, weil wir ein behindertes Kind haben“, sagte er und hätte sich am liebsten eine andere Gemeinde gesucht. Doch Lydia war sich sicher: „Ich schaff das schon.“

Als der Junge ein Jahr alt war, wurde er operiert. Alles verheilte gut. Reiner war ein frohes, anspruchsloses Kind. Später wurden noch Anna und Erik geboren. Der Jüngste wurde fast nebenher groß. Er war unkompliziert und tröstete sogar seinen großen Bruder, der manchmal sehr ängstlich war. „Ich bin doch da“, sagte der Kleine, wenn Mama aus dem Haus ging und die Kinder allein schlafen sollten.

Dann bekam Hermann Probleme mit dem kleinen Finger. Er gehorchte beim Schreibmaschineschreiben einfach nicht mehr. Hermann war gerade erst dreiundvierzig Jahre alt geworden. Zum Glück stellten die Ärzte gleich die richtige Diagnose: Hermann hatte Parkinson. Er wurde noch verschlossener. Jetzt war er der arme Mann, um den sich alles drehen musste. Auch Lydia wusste, dass es keine Hilfe gab. Diese Krankheit schreitet langsam, aber kontinuierlich voran. Das war hart.

Hermann sah nur noch schwarz. Seine Mutter war früh gestorben. Sicher würde er auch bald sterben, so wie seine Mutter. Auf jeden Fall würde er nie wieder gesund werden und irgendwann im Rollstuhl sitzen. Er musste viele Medikamente nehmen und war meistens nicht gut drauf. Das merkten auch die Kinder. Er konnte sich nie um sie kümmern. Oft musste er ins Krankenhaus. Lydia hatte immer wieder für Vertretung in der Gemeinde zu sorgen. Oft mussten die Männer den Gottesdienst selbst ausgestalten. Lydia führte viele Gespräche.

Ihr Mann musste auf Medikamente eingestellt werden. Es erwies sich als schwierig, die richtige Dosis zu finden. Lydia und Hermann suchten Kontakt zu Menschen mit der gleichen Krankheit und informierten sich. Der Austausch tat ihnen gut. Es gab eine Möglichkeit, den Verlauf der Krankheit wenigstens zu bremsen. „Bewegen und immer aktiv bleiben“, wurde die Devise. Das Ehepaar unternahm viele Spaziergänge.

Ein Gemeindeglied erzählte Hermann von seiner Schnitzgruppe. Die Holzfiguren waren wunderschön. Das wollte Hermann auch ausprobieren. Lydia war skeptisch. Wie sollte das gehen? Mit viel Ehrgeiz machte sich Hermann ans Werk. Über die Jahre entstand seine ganz persönliche Weihnachtskrippe mit Maria und Josef, dem Kind in der Krippe und anderen Figuren. Die Feinmotorik wurde durch dieses Hobby geschult und Hermann hatte doch noch Erfolgserlebnisse.

Wenn Lydia in der Adventszeit die Figuren aufstellt, dann ist sie heute immer noch ein wenig stolz auf ihren Hermann. Aber das war nur eine Seite dieser Krankheit. Daneben passierten Dinge, die Lydia wie ein böser Traum erschienen. Heute kann sie recht gelassen über alles sprechen. Damals war es einfach nur schrecklich.

Das erste Mal merkte sie bei einer Familienfreizeit der Gemeinde, was mit Hermann los war. Eigentlich war er ja immer der arme, kranke Mann. Aber es gab da noch eine andere Seite. Lydia merkte etwas an einem ganz normalen Freizeitabend. Man hatte die Andacht vorverlegt, weil alle im Fernsehen „Wetten, dass …“ sehen wollten. Sie hatten vorher noch gemeinsam ein Glas Wein getrunken. Lydia saß mit den anderen vor dem Fernseher. Plötzlich war Hermann weg. Wo war er nur geblieben? Sie wollte ihn suchen.

Da fiel ihr ein, dass eine Frau aus der Gemeinde mit ihm sprechen wollte. Sie lief zu deren Zimmer und klopfte. Es regte sich nichts. Lydia dachte nach. Sie blieb einen Moment stehen, um sich die alten Möbel auf dem Gang anzusehen. Da hörte sie, dass sich im Zimmer doch etwas tat.

Sie klopfte wieder. Nun öffnete die Frau. Hermann war bei ihr im Zimmer. Die Frau wollte Lydia erzählen, sie habe ein seelsorgerliches Gespräch gesucht. Später stellte Lydia ihren Mann zur Rede. Er gestand ihr, dass er schon seit der Teeniefreizeit vor drei Monaten ein Verhältnis mit dieser Frau habe. „Lydia, das bringe ich in Ordnung. Das war es jetzt, das soll nicht so weitergehen“, versprach er.

Aber es hörte nicht auf. Es gab immer wieder andere Frauen. Es hörte auch nicht auf, als die Familie umzog. Er konnte nicht anders. Das lag an den Hormonen, die er einnehmen musste. Sie hatten ihn süchtig gemacht. „Das hat nichts mit dir zu tun“, tröstete er Lydia, wenn sie mit ihm reden wollte. Heute weiß Lydia: Die Parkinson-Medikamente enthalten so viele Hormone, dass die Patienten süchtig werden können. Die Medikamente hätten umgestellt werden müssen. Ein Arzt hatte das auch erkannt. Er wollte Hermann auf ein anderes Medikament umstellen. Doch das wollte Hermann nicht.

Ein Süchtiger braucht immer mehr, das musste Lydia erfahren. Wie schämte sie sich, wenn er Pornofilme oder -zeitungen nach Hause brachte. Sie wunderte sich, als sie einmal an einer Bar vorbeigingen, dass die Damen ihn kannten, und dachte sich ihren Teil.

Die Medikamente hatten weitere starke Nebenwirkungen. Selbst wenn es Hermann gut ging, war er sehr wackelig. War die Dosierung zu niedrig, wurde der ganze Körper steif. Wenn sie zu hoch war, dann bekam Hermann zu allem Übel noch Depressionen dazu.

Die Krankheit zeichnete ihren Mann. Er war mehr Patient als Ehemann und kreiste nur noch um sich selbst. Das typische Zittern ließ sich durch Medikamente drosseln. Hermanns Gang war nach vorn gebeugt, eine Hand hing immer steif nach unten. Beim Gehen machte der fast zwei Meter große Mann viel zu große Schritte und musste aufpassen, dass er nicht stürzte. Die Zellen für die Dopaminproduktion im Mittelhirn starben ab.

Mit fortschreitender Krankheit fiel Hermann auch das Sprechen schwer. Er musste vorzeitig in Rente gehen.

Aber wenn er vor der Gemeinde stand, dann konnte er reden. Das ging bis zuletzt. Hermann war in der Gemeinde beliebt. Er leistete eine gute Arbeit. Lydia kann sich das nur erklären, indem sie an die Größe Gottes denkt. „Gott kann selbst dann noch durch uns wirken, wenn wir die bösesten Menschen sind. Er muss Hermann ganz anders gesehen haben als ich“, sagt sie.

Auch wenn es schwer war, blieb sie ihm eine treue Stütze. Es tröstete sie, als eine Frau einmal bemerkte: „Als Prediger ist Ihr Mann unschlagbar. Aber als Ehemann und Familienvater ist das wohl nicht ganz so." Sie deutete an, dass eine andere Frau wohl nicht so lange bei ihm ausgehalten hätte.

Hermann war zu Hause immer der Schwache. Lydia musste ihm Tee bringen, wenn er die Predigt vorbereitete. Wenn der Gottesdienst anfing, musste sie ihm in den Anzug helfen und seine Tasche packen. Er brauchte sie ständig. Keiner sollte seine Krankheit bemerken. Er wollte nicht im Rollstuhl sitzen. Einmal, als Hermann ganz schlecht drauf war, schenkte Gott Lydia ein Wort, das ihr half, all das zu ertragen. Ihr Mann war mit dem Auto weggefahren und hatte noch gesagt: „Es lohnt sich nicht, noch länger mit dir zusammenzuleben!" Da las sie in der Bibel von König David den Satz: „Ich will mich freuen!" Das wurde fortan ihr Leitsatz. Sie nahm sich vor: „Ich will mich nicht kaputt machen lassen. Ich will ein positiver Mensch bleiben." Im Rückblick weiß sie: Gott hat sie begleitet. Er hat ihr Menschen geschenkt, die ihr geholfen haben, das Positive zu sehen.

Manchmal kamen ihr Zweifel. Dann dachte sie: „Du vertust hier dein Leben. Er kann sich alles erlauben und wälzt die ganze Last auf dich ab. Nicht einmal die Kinder kann ich ihm überlassen, geschweige denn für mich selbst etwas tun." Dann fand sie wieder Halt, wenn sie dachte: „Ich hab ja den da oben, der ist immer da. Es liegt nicht an langen Gebeten. Gott ist da, er ist auf meiner Seite. Es geht mit seiner Hilfe. Er hat mir ein robustes Nervensystem geschenkt und mich gesundheitlich stark gemacht."

So vergingen die Jahre. Irgendwann musste Hermann den Führerschein abgeben. Dazu konnte er sich erst entschließen, nachdem er nachts auf einer schmalen Bergstraße im Graben gelandet war. Wie war das Lydia peinlich! Zunächst hatten alle gedacht, er sei betrunken gewesen. Aber es war seine Krankheit, die ihn fahruntauglich machte.

Das hätte sich alles regeln lassen, wenn da nicht die Sucht gewesen wäre. Hermann zog es mit unbändigen Kräften von zu Hause weg. Er brauchte Sex. Wenn Lydia in die Gemeinde ging, dann wurde er schon unruhig. Es spielte für ihn keine Rolle, dass er keine Fahrerlaubnis mehr hatte. Heimlich fuhr er trotzdem. Sie wusste sich nicht anders zu helfen, als den Autoschlüssel mitzunehmen. Einmal hatte sie ihn vergessen. Es war ein schöner Sommerabend. Der Frauenkreis hatte ein Sommerfest geplant. Auf dem Hinweg fiel ihr ein: „Ich habe den Autoschlüssel vergessen!" Ihre Freundin lachte: „Wozu brauchst du den Autoschlüssel? Wir gehen doch zu Fuß!" Als Lydia nach Hause kam, war Hermann mit dem Auto weggefahren. Der Schlüssel hing noch am Brett. Hermann benutzte den Ersatzschlüssel. So konnte er immer unbemerkt so lange wegfahren, wie Lydia in der Gemeinde beschäftigt war. Wenn sie nach Hause kam, schien alles in Ordnung zu sein.

Doch Lydia bemerkte seine Unruhe, den inneren Drang. Er musste weg. Er brauchte die Frauen, obwohl sein Körper immer schwächer wurde. Früher waren sie mit den Kindern oft an die Talsperre gefahren. Das war eine schöne Zeit gewesen. Hermann hatte im Schatten gelegen und gelesen. Die Kinder hatten am Wasser getollt und sie selbst konnte auch mal durchatmen.

Zur Talsperre wollte Hermann auch später immer noch. Da gab es ja viel zu sehen. Besonders liebte er den FKK-Strand. Lydia musste ihn oft dorthin fahren. Weil es ihm nicht gut ging, mussten sie manchmal schon nach einer Stunde wieder zurück. Das war viel Aufwand. In dem Frühjahr, als Hermann starb, hatte Lydia gebetet: „Ich mag nicht mehr mit meinem Mann an die Talsperre fahren.“ Sie brauchte es dann nicht mehr.

Im Mai waren sie an einem Punkt, da konnte Lydia nicht mehr und Hermann wollte nicht mehr. Er bekam Fieber und starke Schmerzen im Oberbauch. Hermann kam ins Krankenhaus. Zunächst meinte der Arzt, das wäre von der Parkinsonkrankheit. „In ein paar Tagen haben wir die Sache wieder im Griff. Das wird schon wieder“, sagte er.

Lydia entgegnete: „Wenn Sie das glauben. Er glaubt es nicht mehr und ich auch nicht.“

Man stellte eine Gallenblasenentzündung fest. Hermann wurde gleich am nächsten Tag operiert. Danach erholte er sich nicht mehr. Eine Ärztin erklärte Lydia, dass die Gallenblase schon perforiert gewesen sei. Der Patient bekam starke Medikamente. Es half nichts. Da war klar: Nun wurde Hermann wirklich nicht mehr gesund. Er lag im Sterben.

Lydia rief die Kinder. Am Pfingstmontag verabschiedeten sie sich von ihrem Vater, der schon nicht mehr ansprechbar war. Lydia ging zum Stationsarzt. „Ich möchte, dass er zu Hause stirbt. Er wird sterben, wenn er hier bleibt, und er wird zu Hause sterben." Noch am gleichen Vormittag brachte der Krankentransport Hermann nach Hause. Er verstarb abends gegen halb acht Uhr. Doch vorher tat Lydia noch etwas ganz Wesentliches. Noch im Krankenhaus sagte sie Hermann, dass sie ihm verzieh. Ob er es noch mitbekam, weiß sie nicht. Aber sie selbst wurde von einem tiefen Frieden erfüllt. Sie muss ihm nicht mehr böse sein. Rache- oder Hassgedanken sind ihr fern. „Ich konnte es im Frieden abhaken, dafür bin ich dankbar", erinnert sie sich an den Abschied.

Im Rückblick pflegt sie die schönen Erinnerungen. Es gab nicht nur Enttäuschungen und schlimme Erfahrungen. Da war auch so viel Schönes. Das möchte sie nicht über Bord werfen. Und sie möchte den Segen nicht schmälern, den Hermann in seiner Gemeinde hinterlassen hat. Im Rückblick ist sie einfach nur dankbar. „Gott hat alles wohlgemacht", sagt sie. Was wäre passiert, wenn die Gemeinde von Hermanns Sucht erfahren hätte? Oder wenn die Ehe auseinandergebrochen wäre? Sie mag es sich nicht ausmalen, denn jetzt hat sie ihren Platz gefunden. Durch diese Vorgeschichte wurde sie bereit für das, was heute ihr Leben ausfüllt. „Man wird stark durch schwere Zeiten", meint sie. Sie sagt, dass sie aber noch immer lernen müsse, mit schwierigen Menschen liebevoll umzugehen.

Nach Hermanns Tod hatte sie überlegt, ob sie allein in dem großen Haus wohnen sollte. Was wäre eine gute Lösung? Vielleicht eine Frauen-WG? Sie betete und Gott zeigte ihr, wie aus ihrem Beruf als Krankenschwester eine Lebensaufgabe werden könnte. Es dauerte noch etliche Monate. Jetzt ist Lydia angekommen. Liebevoll spricht sie von ihrer „Oma-WG". Sie ist mit ihren siebenundsechzig Jahren die Jüngste in der Runde und vor allem die Einzige, die gesund ist. Auf den ersten Blick sieht es tatsächlich so aus, als ob sich hier einfach drei alte Damen zusammengetan haben, um nicht allein zu sein.

Doch schon beim zweiten Blick wird sichtbar, dass Lydia es ist, die hier die Fäden in der Hand hält. Sie nimmt pflegebedürftige Menschen aus ihrer Umgebung auf und begleitet sie auf der letzten Wegstrecke. Manche waren nur kurze Zeit hier. Dann konnten sie zurück in ihre Familie. Andere zogen dann doch in eine Pflegeeinrichtung in der Nähe ihrer Kinder. Bis sich alles geklärt hatte, konnten sie bei Lydia unterschlüpfen. Ihr Haus ist dafür bestens ausgestattet. Sie hatte ja Übung durch einen pflegebedürftigen Mann.

Das jetzt ist ein Vierundzwanzig-Stunden-Job, aber auch das hatte sie in ihrer Ehe geübt. Für Lydia ist es der Platz, an den Gott sie gestellt hat und an dem sich ihr Leben erfüllt.

Henni sitzt im Rollstuhl. Sie lächelt oft. Doch sie ist dement. Ihre Kinder besuchen sie häufig. Aber wenn sie wieder abgefahren sind, dann kann Henni sich manchmal nicht mehr daran erinnern, dass sie da waren. Lydia versorgt sie liebevoll. Sie kocht und stellt für jeden das Essen in kleinen Häppchen auf den Tisch. Während Henni es sich schmecken lässt, sitzt Hilde steif am Tisch und muss öfters mal zum Essen ermutigt werden. Hilde wohnt noch nicht so lange hier. Seit ein paar Monaten kann sie wirklich nicht mehr allein in ihrem Haus bleiben. Anfangs war sie nur zum Mittagessen zu Lydia gekommen. Dann sollte sie in ein Pflegeheim. Damit konnte sie sich gar nicht abfinden.

Lydia hatte lange überlegt, ob sie wirklich noch eine pflegebedürftige Frau auf Dauer aufnehmen könnte. Zu der Zeit war es mit Henni sehr schwierig. Sie stand jede Nacht auf und kleidete sich an. Sie nahm ihre Tasche und musste angeblich irgendwohin. Lydia hörte sie meist erst, wenn sie sich den Mantel anzog. Dann sprang sie aus dem Bett. Es war schwer, Henni davon zu überzeugen, dass sie wieder ins Bett gehen sollte. Lydia besprach das Problem mit Gott: „Herr, wenn du wirklich willst, dass Hilde auch hierbleibt, dann muss Henni im Bett bleiben." Was dann passierte, war für Lydia wieder ein Hinweis darauf, dass Gott lebendig ist und hört. Henni blieb im Bett und Lydia wusste, dass sie sich auch noch um Hilde kümmern sollte. Sie tut es mit großer Selbstverständlichkeit, denn ihr Leben wird dadurch reich und gut. Gott hat alles gut eingerichtet, davon ist Lydia überzeugt.

Ein neues Leben ohne Fassade

Es gab eine Zeit, da glaubte Christine, dass sie im falschen Film gelandet sei. Das war nicht ihr Leben. So hatte sie sich das nicht vorgestellt. So kannte sie das nicht von zu Hause. War sie eigentlich noch Christine, das fröhliche Mädchen, das im Jugendkreis Jesus nachfolgen wollte? Ein wenig schüchtern war sie immer gewesen. Aber dann kam eine Zeit, da lebte sie nur noch hinter einer schönen Fassade. Es kostete sie so viel Kraft, sie aufrechtzuerhalten.

Nach außen hin war sie die liebevolle Mama ihrer Töchter und eine treue Ehefrau. Sie ging regelmäßig in ihre Gemeinde. Es war ihr wichtig, auf Gottes Wort zu hören, und sie betete viel. Aber hörte Gott sie auch? Sie zweifelte nicht an Gott, eher an sich selbst. Hatte sie denn alles falsch gemacht? Sicher, sie war berufstätig. Als Vollzeitkraft in einer Fleischerei musste sie lange und viel arbeiten. Auch zu Hause hatte sie viel Verantwortung zu tragen, eigentlich zu viel. Warum hatte sie nur diesen Mann geheiratet?

Dabei hatte alles so schön begonnen. Christine war in einer christlichen Familie wohlbehütet aufgewachsen. Im Nachbarort fanden immer wieder große Jugendtreffen statt. Zu DDR-Zeiten war man nicht so mobil, darum wurden Quartiere für die Übernachtung gesucht. Auf diese Weise kam ihr Werner ins Haus. Wie verliebt war sie doch damals! Sie heirateten früh und es war selbstverständlich, dass Christine zu Werner ins Dorf zog. In seiner Familie ging es ganz anders zu als bei ihr zu Hause. Da stand täglich Alkohol auf dem Tisch. Besonders wenn ein Fest gefeiert wurde, ging das nicht ohne Schnapsflaschen. Das war eine ganz andere Stimmung als zu Hause, wo man ohne Alkohol fröhlich feiern konnte.

Für Christine war das sehr ungewöhnlich. Sie ekelte sich vor Alkohol. Aber es war halt in dieser Familie so. „Wer viel arbeitet, der kann auch trinken", hieß es. Christine war jung und unerfahren. Sie nahm das so hin. Hier wurde wirklich viel gearbeitet.

Kurze Zeit wohnte das junge Ehepaar bei den Schwiegereltern im Haus. Da lebten drei Generationen unter einem Dach. Christine fügte sich in die Gepflogenheiten der Familie. Sie hoffte darauf, dass sie bald mit ihrem Werner ein eigenes Haus haben würde. Dann konnten sie für sich leben. Sicher würde dann alles besser werden.

Da sie beide arbeiteten, konnten sie sich den Wunsch nach einem eigenen Haus bald erfüllen. Es war kein neues. Mit viel Eigenleistung und im ständigen Kampf um das notwendige Material bauten sie sich ihr gemeinsames Haus aus. In der DDR bedeutete Bauen etwas ganz anderes als heute. Handwerker und Material waren Mangelware. Wer selbst zupacken konnte, war gut dran. Werner konnte zupacken. Aber er brauchte auch immer einen Schluck Alkohol dazu. Christine beobachtete, dass er immer mehr brauchte.

Wenn sie ihn vorsichtig fragte, ob das nicht etwas viel Alkohol sei, ging er sofort in die Luft. „Das ist doch alles ganz normal. Was du nur hast, immer bist du unzufrieden", rief er gewöhnlich. Oft wurde ein richtiger Streit daraus.

Irgendwann gab Christine auf. Sie schnitt das Thema nicht mehr an. Anfangs versuchte sie sich einzureden, dass alles harmlos sei. Doch dann merkte sie, dass in jeder Ecke des Grundstücks Flaschen versteckt waren. Sie versuchte alles unter Kontrolle zu bekommen. Das gelang schon deshalb nicht, weil Werner immer viel Zeit bei seiner Mutter verbrachte. Die hatte ihren einzigen Sohn immer besonders geliebt. Nachdem der Vater gestorben war, fiel es ihr umso schwerer, ihren Werner loszulassen. Irgendetwas hatte sie immer für ihn zu tun. So verbrachte er viel Zeit im Elternhaus.

„Vielleicht bin ich ja selber schuld?", fragte sich Christine. „Vielleicht habe ich zu viel von ihm erwartet? Habe ich ihn aus dem Haus getrieben?" Sie wusste keine Antwort. Wenn sie allein zu Hause war, nutzte sie die Zeit, um im ganzen Haus zu suchen, wo Werner seine Flaschen versteckt hatte. Werner ging nie in die Dorfkneipe. Aber er brauchte stets etwas zu trinken in der Nähe. Christine suchte die Flaschen und schüttete sie aus. „Wenn ich daran denke, wie viel Geld ich da weggekippt habe. Heute würde ich das nicht mehr machen. Er hat sich ja sowieso neue besorgt", meint sie. Damit niemand etwas merken sollte, brachte sie die leeren Flaschen gleich auf die Müllkippe.

Christine erschrak, als sie merkte, dass Werner morgens im Bett Schweißausbrüche bekam, weil der

Alkoholspiegel über Nacht gesunken war. Sie sah, wie seine Hände zitterten, wenn er nichts trank. Es wurde immer schlimmer. Am meisten litt sie darunter, dass sie keine Kontrolle mehr hatte. Ihr Mann trank heimlich. Sie forschte nach, wo die leeren Flaschen standen, und war enttäuscht über ihre Ehe. Zu diesem Mann konnte sie kein Vertrauen mehr haben.

Dazu kam, dass es niemanden gab, mit dem sie darüber hätte reden können. In der Gemeinde galt Werner als gläubiger Mann. Wer hätte ihr geglaubt, dass der stellvertretende Gemeindeleiter ein Alkoholproblem hatte? „Mich versteht sowieso keiner", dieser Gedanke war die Basis für die schöne Fassade, die ihr Leben nach außen hin zeigte. Weder in der Gemeinde noch in der Fleischerei traute sich Christine, von ihrer Not zu sprechen.

Auch die Kinder sollten es nicht merken. Zumindest bei Katrin, ihrer kleinen Tochter, gelang ihr das. Aber wenn die Kinder Freunde mit nach Hause brachten, wurde es schwierig. Sie musste zusehen, dass die Kinder irgendwo anders spielten. Wenn es gar zu schlimm war, nahm Christine die Kleine und machte einen Ausflug mit ihr. Sie hätte es am liebsten selbst nicht mehr mitangesehen, wie ihr ehemals so geliebter Mann auf dem Sofa lag und nicht mehr konnte. Er war oft nicht gut drauf und es ging ihm auch körperlich nicht gut. Die Bauchspeicheldrüse war angegriffen. Darum hatte er oft ein furchtbares Brennen in der Brust. Werner war selten richtig betrunken, aber er konnte ohne Alkohol nicht mehr leben. Allerdings – auch wenn er mal betrunken war, wurde er nie aggressiv. Wegen der kaputten Bauchspeicheldrüse konnte er kaum noch etwas essen. Deshalb saß Christine mit den Kindern allein am Tisch. Anfangs nahm ihr Mann deswegen ein paar Kilo ab. Aber Alkohol verändert den Körper derart, dass Werner irgendwann völlig aufgedunsen war. Er aß wenig, trank aber viel Alkohol.

Christine machte sich große Sorgen, doch was sollte sie tun? Einmal bekam er in der Nacht Magenbluten und musste ins Krankenhaus gebracht werden. Was war das für eine Aufregung! Was sollte nur aus diesem Mann werden? Vor lauter Sorgen konnte sie selbst kaum schlafen. Aber da war noch etwas: Christine schämte sich so für diesen Mann.

Oft ging sie einfach allein weg, weil ihr dieses ganze Leben so zuwider war. Was würden wohl die Leute von ihr denken? Auch zum Gottesdienst ging Christine oft allein. „Keiner hat mich gefragt, warum ich allein war", erinnert sie sich. Niemand sah, wie sehr sie litt. Zumindest dachte sie das.

Ihre Ehe war am Ende. Aber Christine hatte nicht den Mut wegzugehen. Zu viel hatte sie selbst mit in dieses Haus investiert. Ihr Herz blutete und ihr Körper kam an seine Grenzen. Wie lange sollte sie das noch aushalten?

Die große Tochter wurde erwachsen und ging zum Studium. Michaela war das Leiden ihrer Mutter nicht entgangen. Sie sprach mit Christine. „Mama, ich gehe aus dem Haus, aber du bleibst hier. Wir müssen sämtliche Hebel in Bewegung setzen, damit wir Hilfe bekommen", sagte sie.

Darauf bekam Christine Kontakt zu einer Gruppe des Blauen Kreuzes. Werner interessierte das nicht. Bald wurden diese Treffen der Lichtblick in Christines Alltag. Dort fand sie eine Offenheit und Herzlichkeit, die sie bisher nicht kannte. Das Wichtigste war: Hier wurde sie gefragt, wie es ihr ging, und sie konnte einfach erzählen, reden, wie ihr zumute war. Diese Leute verstanden sie. Sie sagten ihr aber auch, dass sie Geduld haben müsse. Sie selbst könne nichts tun, solange Werner nicht einsah, was schieflief. „Na, das kann ja gut werden. Wie lange soll das denn noch dauern?", war ihre Antwort.

Eines wurde ihr ganz deutlich gesagt: Sie brauchte sich keine Gedanken darüber zu machen, ob es an ihr liege, dass Werner trank. Dafür war er selbst zuständig. Christine lernte, das Trinken ihres Mannes als Krankheit zu sehen.

Es kam noch schlimmer. Werner verlor seine Arbeitsstelle. Er war unter Alkohol gefahren. Zu der Zeit brauchte er mehr als eine Flasche Schnaps am Tag. Niemand wollte ihn mehr einstellen. Ein Grund, noch mehr zu trinken.

Werners Schwester arbeitete beim Hausarzt. Einmal kam sie zu Besuch. „Ich muss mit euch reden. Werner, du brauchst dich nicht wundern, wenn deine Christine auszieht, solange du vom Alkohol nicht wegkommst", versuchte sie ihm zu sagen. Sie machte ihm auch klar, dass sie selbst oder seine Mutter ihn nicht aufnehmen würden. Bei Werner hatte das keine Wirkung. Aber

Christines Herz rührte es an. Die Schwester schien ja doch zu sehen, was hinter der Fassade ablief.

Schließlich konnten die Frauen Werner davon überzeugen, zur Entgiftung ins Krankenhaus zu gehen. Der Erfolg blieb aus. Bald war wieder alles beim Alten.

Etwa zehn Jahre waren vergangen, seit Christine bewusst geworden war, dass ihr Mann zu viel trank. Nun kam sie an ihre Grenzen. Die Silberhochzeit stand an. Das war für sie aber kein Grund zum Feiern. Am liebsten hätte sie diesen Tag einfach vergessen. Was sollte das für ein Fest werden? Die Konfirmation von Katrin hatten sie ohne Alkohol gefeiert. Das ging doch. Christine wollte damals für Werner ein Zeichen setzen. Doch er begriff es nicht. Sie hatte nichts bei ihm erreicht. Und nun die Silberhochzeit? Ihr war so gar nicht nach Feiern zumute.

„Mama, fünfundzwanzig Jahre, das ist doch was", machte Michaela ihr Mut. Also wurden die Verwandten eingeladen. Nicht nur die Geschwister, sondern auch alle Cousinen und Cousins, etwa fünfundzwanzig Leute waren an jenem denkwürdigen Abend versammelt. Kein Stuhl passte mehr ins Wohnzimmer.

Eigentlich hätte Werner eine Rede halten sollen. Doch daran war nicht zu denken. Da fasste sich Christine ein Herz. Sie stand auf und redete auch von Dingen, die sie nie vorher ausgesprochen hatte. „Ihr sollt wissen, wie das bei uns so ist. Wir haben dieses Problem mit dem Alkohol. Lange haben wir es verschwiegen. Jetzt möchte ich mal darüber reden. Es ist ein Wunder, dass wir noch zusammen sind", so ähnlich drückte sie sich aus. Die Verwandtschaft horchte auf, die Gäste waren sprachlos.

An jenem Abend wurde nicht weiter über das Thema gesprochen. Aber Werner wurde damit zum ersten Mal die Konsequenz seines Verhaltens deutlich. Dieser Auftritt seiner Frau brachte ihn zum Nachdenken, wie bisher nichts anderes. Nach einigen Wochen war er bereit, mit Christine zu einem Wochenende des Blauen Kreuzes zu fahren. Christine arbeitete bis zum letzten Moment. Als sie nach Hause kam, war Werner total betrunken. „Das kann doch nicht wahr sein, wir wollen doch jetzt losfahren", dachte sie. Was sollte nun werden?

Sie entschloss sich trotzdem zu fahren und packte ihren betrunkenen Mann ins Auto. Als sie im Freizeitheim ankamen, konnte Christine ihre Tränen nicht verbergen. Alle sahen, was los war. Aber hier waren auch Männer, die sich um Werner kümmerten. Als Werner wieder nüchterner war, sprach einer der Männer sehr eindringlich mit ihm. So wurde es doch ein gutes Wochenende.

Als es Sonntag wurde, bekam Christine es mit der Angst zu tun. Hier war sie in einem geschützten Raum. Doch was sollte werden, wenn sie wieder nach Hause kamen? Der Leiter des Wochenendes konnte Werner tatsächlich davon überzeugen, eine Verzichtserklärung zu unterschreiben. Zunächst sollte er nur bis zum nächsten Wochenende nichts trinken. Dann traf sich die Gruppe wieder. Wenn er es bis dahin schaffte, sollte die Erklärung verlängert werden.

Christine beobachtete das alles mit viel Skepsis. Sollte

das wirklich von Dauer sein? Das war doch sicher nur ein Strohfeuer. Sie hatte kein Vertrauen mehr zu diesem Mann. Zu viele Lügen hatte sie verkraften müssen. Christine hatte ständig Angst und die konnte sie noch lange nicht ablegen.

Aber Werner hatte tatsächlich kein Verlangen nach Alkohol mehr. Es war wie ein Wunder. Christine forschte trotzdem noch nach, wenn Werner unterwegs war. Wo war er und gab es irgendwo Flaschen? Nur langsam fasste sie wieder Vertrauen. Jetzt konnte sie mit ihrem Mann wieder reden. Wie hatte sie sich danach gesehnt! Es waren viele Gespräche nötig, um wieder zueinanderzufinden.

Etwa ein halbes Jahr lang dauerte es, bis Werner sich auch körperlich erholt hatte. Dann bekam er tatsächlich wieder eine Arbeitsstelle. Für Christine war noch lange nicht alles in Ordnung. Nun war sie gefordert, sich zu verändern. Es war gar nicht so einfach, die Aufgaben aus der Hand zu geben. Jetzt hatte sie wieder einen Mann, der selbst Verantwortung übernahm. Christine war es gewohnt, alles selbst zu entscheiden und zu machen. Sie hatte sich zwar immer gewünscht, einen Mann zu haben, der für sie sorgte und sich kümmerte. Aber ob es nun die Sanierung des Hauses war oder die Umstellung von Telefonvertrag und Versicherung nach der Wende – sie hatte alles allein machen müssen.

Nun musste sie lernen, die Fäden aus der Hand zu geben. Sie sollte es nun leichter haben. Ihr Mann hatte nicht nur aufgehört zu trinken, er sprach auch von seiner Sucht. Er entschuldigte sich bei Christine und bei den Kindern für das, was er ihnen angetan hatte. Ganz langsam wuchs Christines Vertrauen zu ihrem Mann wieder. „Hier hat Jesus ein Wunder getan", so schätzt sie das heute ein. Sie hatte nicht mehr zu hoffen gewagt, dass diese Ehe zu retten war.

Nun erlebt sie, wie ihr Mann versucht, ihr viel Gutes zu tun. Er weiß, dass er nicht wiedergutmachen kann, was in all den Jahren kaputtgegangen ist. Aber beide Ehepartner leben von der Vergebung, die Jesus anbietet. Das ist eine ganz neue Basis für ihre Ehe. Fassaden haben jetzt keine Chance mehr. Werner ist ein Mann, der die Dinge direkt anspricht. Auch in der Gemeinde hat er über seine Vergangenheit berichtet. Heute ist er Gemeindeleiter. Gemeinsam können die beiden andere Ehepaare, die Probleme haben, gut verstehen. Sie wünschen sich für ihre Gemeinde, dass Jesus im Mittelpunkt steht und dass Fassaden keine Chance haben. Ein offener und ehrlicher Umgang miteinander macht es für alle leichter. Das wissen die beiden aus Erfahrung.

Ein Schatz

Traudes Vater erlitt im Zweiten Weltkrieg eine Hirnverletzung in der Waffenkammer. Als er nach Hause zurückkam, hatte das Trauma sein Wesen verändert. Traude Pilz und ihre Schwester mussten zusehen, wie ihr Vater mit der Faust auf ihr Puppenhaus trommelte. Das hatte er ihnen vor dem Krieg doch so liebevoll zusammengebaut. Warum machte er das nur?

Traudes liebe, gläubige Mutter sagte: „Lasst ihn, sonst wird es schlimmer." Die Mutter war es, die Traude und ihrer Schwester Halt gab. Sie hielt die Familie zusammen. Sie arbeitete viel.

Trotzdem gelang es nicht, noch einmal mit ihrer Bäckerei anzufangen. Während des Krieges war sie geschlossen geblieben. Der Backofen war ganz verfallen. Der Neustart misslang. Die Familie musste sich eine andere Wohnung suchen, weil die Hausbesitzer die Bäckerei an jemand anderes verkaufte.

Kurz nach dem Krieg war es schwierig, eine Wohnung zu finden. Drei Monate lebten sie erst in der neuen Wohnung. Dann passierte das, was Traudes Leben verändern sollte: Innerhalb von drei Tagen starb ihre geliebte Mutter. Heute würde man von „akutem Nierenversagen" sprechen. „Wir meinten, sie sei erschöpft, und ließen sie schlafen. So kam alle ärztliche Hilfe zu spät. Wir standen da und wussten nicht, wo wir anpacken sollten", erinnert sie sich heute. Die Mutter hatte immer für alles gesorgt. Was sollte nun aus den Mädchen werden?

Eine Tante entschied für Traude. „Du musst erst mal für ein Jahr in einen Haushalt gehen“, sagte sie.

Traude war schon immer eine gutmütige Seele gewesen. „Schubst mich halt wo ran, ich geh schon“, war ihre Antwort. So kam sie zunächst für ein Haushaltsjahr – so nannte man das damals – ins Diakonissenmutterhaus.

Als das Jahr um war, ging sie zurück zum Vater. Den wollte sie nicht allein lassen. Sie mussten noch einmal mit ihm umziehen, in eine kleinere und günstigere Wohnung. Plötzlich musste Traude ganz allein einen Haushalt führen. Sie war auf den Vater angewiesen, da sie noch keine Ausbildung hatte. Nun lernte sie ihn schätzen, obwohl er noch manche Gebrechen hatte. Vom ersten Tag an, als sie wieder beim Vater wohnte, trug sie eine Sehnsucht in sich: Sie wollte zurück ins Mutterhaus. Dort hatte sie so viel Wärme und Gemeinschaft erlebt, das konnte sie nicht vergessen. Von da an wollte sie Diakonisse werden und auf diese Weise zur großen Familie der Diakonissen gehören.

Zunächst wurde aber eine Lehrstelle für sie gesucht. Das war nicht so einfach. In eine große Fabrik wollte sie nicht, sie interessierte sich für einen Handarbeitsberuf. Doch dafür gab es nur wenige Lehrstellen. Schließlich kam sie in eine kleine Näherei mit zehn Frauen. Dort herrschte eine gute, familiäre Atmosphäre.

Als Konfektionsnäherin bekam Traude das mit, was in den nächsten Jahren ihr Leben prägen sollte. Nach fünf Jahren trat sie als Diakonisse ins Mutterhaus ein.

Siebzehn Jahre lang arbeitete sie dort in der Näherei. Sie wurde für die Schwestern unentbehrlich, denn sie konnte deren Mäntel nähen. Es gab auch viel Wäsche auszubessern. Kleider und Schürzen wurden genäht. Damals gehörten noch fast zweihundertfünfzig Schwestern zum Mutterhaus, die alle eingekleidet werden mussten.

In der Näherei fühlte sich Traude wohl. Sie war froh, dass sie nicht in die Krankenpflege gesandt wurde. So konnte sie noch oft nach Hause gehen, um ihrem Vater beizustehen. Wegen seiner Krankheit brauchte er immer noch ihre Hilfe. Dann wurde sie ins Feierabendheim gerufen, wo die alten Schwestern betreut wurden. Dort war sie dann zweiundzwanzig Jahre in der Pflege tätig. Oft begleitete sie die Ruhestandsschwestern auf ihrem letzten Weg. Wie oft saß sie am Bett und reichte einer Schwester das Essen, die zu schwach war, um allein zu essen. Mit ihrer behutsamen Art kümmerte sie sich liebevoll um die Gebrechlichen. Sie wusch und kämmte sie, machte ihnen das Bett und setzte sie auf den Nachtstuhl. Vor allem, wenn es an die letzten Stunden ging, konnte sie gut beistehen.

Im Rückblick erzählt sie: „Ich erkannte: Dadurch, dass ich meine Mutter so früh verloren habe, bin ich viel selbstständiger geworden und kann den Schmerz anderer viel besser verstehen. Anfangs habe ich den Schmerz um meine Mutter nicht so schwer empfunden. Doch über die Jahre hat sie mir schon sehr gefehlt. Dafür ist mir mein Glaube an Jesus umso wichtiger geworden. Er hat mir den Schmerz genommen.

Weil ich das so erlebt habe, kann ich mit Menschen in Verlustsituationen gut mitfühlen. Ich verstehe ihren Schmerz. Außerdem kann ich mich trotz Trennungsschmerz freuen, wenn ich weiß, dass jemand daheim bei Gott ankommt."

Heute trifft sich im Mutterhaus regelmäßig eine Hospizgruppe. Schwester Traude ist diese Arbeit besonders wichtig. Sie hat schon lange, bevor diese Gruppe offiziell anfing, Sterbende begleitet.

Einmal kam sie morgens ins Zimmer einer Schwester. Sie lag tot im Bett. Wie froh war Schwester Traude da, dass sie sich am Abend vorher noch Zeit für sie genommen hatte. Vor dem Schlafengehen hatte sie noch ins Zimmer geschaut.

Da saß die Schwester auf dem Bett. „Du bist ja noch auf", wunderte sich Traude und wollte jemanden holen, weil sich die alte Schwester nicht wohlfühlte.

„Ach, lass nur, die können mir auch nicht helfen", sagte die.

Da setzte sich Traude zu ihr und betete mit ihr. „Sie hat ihr Leben noch mal bewusst in Gottes Hand gelegt. Am anderen Morgen war sie tot. Der Arzt hat gesagt, der Tod muss sie im Schlaf ereilt haben", erinnert sich Schwester Traude an den Abschied.

Für einen Schatz hält sie sich nicht, dafür ist sie viel zu bescheiden. Aber sie ist froh darüber, dass sie Gott ihr Leben geweiht hat. Gott ist es, der etwas daraus gemacht hat, etwas, was für andere wertvoll und kostbar ist.

Elisabeth Mittelstädt (Hrsg.)

Da hörte ich Gott zu mir reden

160 Seiten
gebunden
ISBN 978-3-7655-1732-7

„Und Gott sprach zu …“ Unzählige Male lesen wir diese Worte in der Bibel. Gott redet, Menschen hören – und es geschehen großartige Dinge. 31 Erfahrungen und Erlebnisse, die zeigen, dass Gott nicht nur zu den Glaubenshelden der Bibel redete. Auch heute kann jeder, der sich an ihn wendet, damit rechnen, dass er in seinem Leben wirkt: manchmal unerwartet, manchmal ganz konkret, aber immer voller Liebe.

Mit Beiträgen von Daisy von Arnim, Anne Graham, Ruth Heil, Lynne Hybels, Elke Werner und anderen. Lassen Sie sich überraschen!

BRUNNEN VERLAG GIESSEN
www.brunnen-verlag.de

Elisabeth Mittelstädt (Hrsg.)

Geschenke, die der Himmel schickt

Wunderbare Antworten auf alltägliche Gebete

208 Seiten, Taschenbuch
2. Auflage
ISBN 978-3-7655-4092-9

Wer betet, erlebt, wie Gott mitten im Alltag liebevoll wirkt. „Das Gebet ersetzt keine Tat", sagt Dietrich Bonhoeffer, „aber es ist eine Tat, die durch nichts zu ersetzen ist." Wie anders sähe wohl unsere Welt aus, wenn mehr Menschen beten würden? Diese Sammlung von 52 Erfahrungsberichten zeigt, dass Gottes Hilfe oft nur ein Gebet weit entfernt ist. Ob in ausweglosen Situationen oder bei ganz alltäglichen Sorgen: Gott liebt es, überraschend zu antworten, wenn wir uns an ihn wenden. Am Ende eines jeden Kapitels regen persönliche Fragen und Denkanstöße dazu an, das Gelesene zu vertiefen und ins eigene Leben zu übertragen.

BRUNNEN VERLAG GIESSEN
www.brunnen-verlag.de